S0-AOI-210

LE TEMPS DES HYPOCRITES
d'André Néron
est le six cent quinzième ouvrage
publié chez VLB éditeur
et le treizième de la collection
«Partis pris actuels»
dirigée par Pierre Graveline.

COLLECTION «PARTIS PRIS ACTUELS»

S'inscrivant dans le prolongement des perspectives ouvertes par la célèbre revue *Parti pris* à l'époque de la Révolution tranquille, la collection «Partis pris actuels» propose des essais qui analysent d'un point de vue critique la société contemporaine et défendent des prises de position fermes dans les débats culturels et politiques qui la traversent. Sans reprendre intégralement le «programme» social et politique de *Parti pris*, la collection entend maintenir une exigence de critique radicale des diverses formes de domination qui s'exercent dans la société québécoise. Elle privilégie, dans cette optique, les ouvrages se réclamant de positions progressistes dans l'examen et la discussion des enjeux actuels auxquels nous sommes collectivement confrontés.

VLB éditeur bénéficie du soutien du ministère du Patrimoine du Canada et de la Société de développement des entreprises culturelles du Québec pour son programme d'édition.

Nous remercions le Conseil des Arts du Canada de l'aide accordée à notre programme de publication.

LE TEMPS DES HYPOCRITES

MB.

André Néron

Le temps des hypocrites

RETIRÉ DE LA
COLLECTION · UQO

Université du Québec à Hull

1 1 NOV. 1998

Bibliothèque

vlb éditeur

VLB ÉDITEUR
Une division du groupe Ville-Marie Littérature
1010, rue de La Gauchetière Est
Montréal, Québec H2L 2N5
Tél.: (514) 523-1182
Téléc.: (514) 282-7530
Courrier électronique: vml@sogides.com

Maquette de la couverture: Nancy Desrosiers
Photos de la couverture: Mario Dumont et Gilles Duceppe par P.P. Poulin et Lucien
Bouchard par J. Philippe Dumas. (Agence Ponopresse)

DISTRIBUTEURS EXCLUSIFS

• Pour le Québec, le Canada
et les États-Unis:
LES MESSAGERIES ADP*
955, rue Amherst
Montréal, Québec H2L 3K4
Tél.: (514) 523-1182
Téléc.: (514) 939-0406
*Filiale de Sogides ltée

• Pour la France:
D.E.Q.
30, rue Gay Lussac
75005 Paris
Tél.: 01 43 54 49 02
Téléc.: 01 43 54 39 15
Courrier électronique:
liquebec@imaginet.fr

• Pour la Suisse:
DIFFUSION: ACCÈS-DIRECT SA
Case postale 69 - 1701 Fribourg - Suisse
Tél.: (41-26) 460-80-60
Téléc.: (41-26) 460-80-68
DISTRIBUTION: OLF SA
Z.I. 3, Corminbœuf
Case postale 1061 - CH-1701 Fribourg
Commandes: Tél.: (41-26) 467-53-33
            Téléc.: (41-26) 467-54-66

• Pour la Belgique et le Luxembourg:
PRESSES DE BELGIQUE S.A.
Boulevard de l'Europe, 117
B-1301 Wavre
Tél.: (010) 42-03-20
Téléc.: (010) 41-20-24

Pour en savoir davantage sur nos publications,
visitez notre site: **www.edvlb.com**
Autres sites à visiter: www.edhomme.com • www.edtypo.com
www.edjour.com • www.edhexagone.com • www.edutilis.com

© VLB ÉDITEUR et André Néron, 1998
Dépôt légal: 4e trimestre 1998
Bibliothèque nationale du Québec
ISBN 2-89005-687-2

À Yannick et Jessica
Il faut oser parler pour changer les choses

Je désire remercier tout particulièrement le journaliste Martin Leclerc pour sa lecture de ce manuscrit, et pour nos discussions enrichissantes à propos de nombreux événements dont il a été témoin à titre de courriériste parlementaire du *Journal de Montréal*, à Ottawa.

Merci à Pierre Graveline, éditeur de la maison VLB, à toute son équipe ainsi qu'à Jacques Laurin, des Éditions de l'Homme, pour leur précieuse collaboration.

Des remerciements tout spéciaux à Jessica et Yannick qui ont fait preuve de patience et de compréhension pendant la rédaction de cet essai. Merci aussi à mon frère, Gilles E. Néron, pour son soutien.

A. N.

HYPOCRISIE n.f. Défaut qui consiste à dissimuler sa véritable personnalité et à affecter des sentiments, des opinions et des vertus que l'on n'a pas.

Le Petit Larousse

INTRODUCTION

Un grand nombre de citoyens croient que la majorité des politiciens sont des menteurs. Toutefois, ces accusations ne sont pas toujours lancées pour les bonnes raisons. Le plus souvent, on reproche aux élus de ne pas tenir leurs promesses électorales, par exemple en matière de réduction des taxes ou au sujet de projets de développement particuliers.

Or une promesse électorale non tenue n'est pas nécessairement synonyme de mensonge. Quand ils tentent d'accéder au pouvoir, les partis politiques croient souvent détenir toutes les informations nécessaires pour formuler leurs engagements. Mais une fois aux commandes de l'État, ils voient combien la réalisation de la chose promise est complexe, et nombre de projets tombent à l'eau.

Lorsqu'ils énoncent leurs promesses électorales, les politiciens sont malheureusement poussés par le même mobile qui fait dire à tous les chanteurs que leur nouvel album est meilleur que le précédent. Le chanteur veut vendre des disques, le politicien, lui, veut aller chercher des votes.

En fait, le mensonge politique est beaucoup plus pernicieux quand il sort de la bouche d'un député d'arrière-ban qui passe le plus clair de son temps à répéter les messages que lui dictent les hautes instances de son parti, sans nécessairement savoir de quoi il parle. Et le plus gros des mensonges (ou la plus grande hypocrisie) sort de la bouche d'une grande majorité de députés quand ils affirment défendre les intérêts de leurs concitoyens, alors que leurs plus grandes préoccupations tournent autour des intérêts de leur parti, ou de leurs intérêts personnels.

Il existe aussi d'autres genres de mensonges: ceux que font les premiers ministres, qui leur sont inspirés par l'actualité politique. Par exemple, au printemps 1998, de telles fourberies sont venues envenimer les dossiers de la santé, notamment celui de l'hépatite C.

Le 5 mai 1998, Lucien Bouchard déclarait que son gouvernement n'avait pas d'argent pour aider les victimes de l'hépatite C. Mais vingt-quatre heures plus tard, ayant mesuré l'ampleur de la contestation populaire, il annonçait l'octroi de 75 millions supplémentaires. Une gymnastique et un calcul politique semblables ont abouti, le 4 juin 1998, à l'annonce, par Québec, du déblocage de 385 millions destinés au secteur de la santé.

Pris dans l'engrenage de l'administration quotidienne de l'État, embourbés dans les calculs politiques visant à faire réélire son parti, Lucien Bouchard et son gouvernement tournent le dos à la cause souverainiste depuis près de trois ans, alors que c'est à cette cause qu'ils doivent leur présence à l'Assemblée nationale.

Que l'on devienne stratège politique, chef de cabinet, député, ministre ou premier ministre, quand notre foi en une cause nous amène à occuper des fonctions stratégiques, on lui doit toute notre fidélité. Pas à l'emploi qu'on occupe, pas aux privilèges qui nous sont donnés, pas même au parti ou aux amis. Bref, les politiciens souverainistes, contrairement aux représentants des partis traditionnels, ont le devoir de conserver un esprit militant, ce qui n'est vraisemblablement plus le cas.

Militant souverainiste, je le suis depuis longtemps. Et je le suis toujours. Cet essai a été rédigé sans prétention, avec toute la sincérité d'un militant convaincu qu'il faut dire les choses telles qu'elles sont, si on souhaite qu'un autre référendum ait lieu un jour, et qu'il soit gagnant.

Ce cri d'alarme s'adresse aux souverainistes, qui ont toujours soutenu avec orgueil être regroupés autour de formations politiques différentes des vieux partis traditionnels voués

principalement à la conquête du pouvoir et à l'administration publique.

Mon intention n'est pas de colliger les études théoriques
sur les avantages de la souveraineté. J'espère seulement que
le témoignage qui suit fera apparaître sous leur vrai jour ceux
et celles qui ont le pouvoir de changer le cours de l'histoire.

CHAPITRE PREMIER

Il y a maintenant un risque à dire tout haut ce que des ministres, anciens ministres, députés, membres du personnel politique ou militants se racontent à voix basse dans les coulisses du mouvement souverainiste. Convaincu que les choses doivent changer, j'ai parlé, et je suis rapidement devenu *persona non grata* auprès de Lucien Bouchard et de ses exécutants.

Cette situation, je l'ai vécue dès le moment où j'ai remis en question l'attitude du premier ministre, déplorant que le gouvernement du Parti Québécois ait raté le coche après le départ de Jacques Parizeau, qu'il ait négligé de faire avancer la cause de la souveraineté du Québec par manque de planification et de stratégie.

Au Bloc Québécois, quelques individus dont je faisais partie ont longtemps été inquiets de la mainmise de Lucien Bouchard sur le projet souverainiste. Devant son étonnant manque d'empressement à poser des jalons et à créer les conditions favorables à la tenue d'un prochain référendum gagnant, nous avions décidé de laisser le gouvernement québécois gouverner, tout en exerçant une prudente surveillance et en renforçant considérablement l'équipe de porte-parole souverainistes implantée à Ottawa.

Nous avons été évincés par Lucien Bouchard, par ses sbires et par ceux qui rêvent de faire un jour partie de la cour du premier ministre du Québec. Inquiet, je le suis toujours. Isolés, la plupart des autres résistants de l'époque le sont peut-être encore, mais ils se sont tus, certains par crainte de représailles semblables à celles que je me suis attirées, d'autres pour protéger leurs petits intérêts financiers ou pour ne pas nuire à leurs ambitions de carriéristes.

Enfin, peut-être est-il anormal de placer comme je le fais la cause de la souveraineté au-dessus de ses intérêts personnels. Cette façon de voir les choses m'a coûté cher, mais je ne regrette rien.

Quand j'étais enfant, mes parents avaient l'habitude de faire du bénévolat au sein de l'organisation libérale dans la circonscription de Mercier – celle de Robert Bourassa – pendant les campagnes électorales ou à l'occasion d'événements politiques particuliers. Nous appartenions à cette circonscription de Montréal et presque toute la famille était d'allégeance libérale. En fait, le seul indépendantiste de la famille était mon grand-père, Édouard Lachance. En toute occasion, qu'il s'agisse d'un souper ordinaire au milieu de la semaine, d'une fête familiale ou d'une réception de mariage, mon grand-père Lachance aimait bien débattre des questions politiques de l'heure avec les autres membres de la famille.

Grand-père était membre du Rassemblement pour l'indépendance nationale (RIN) et il éprouvait un plaisir évident à brandir sa carte partout où il allait. Ce fier nationaliste était également un fin observateur de la scène politique. Avec mes yeux d'enfant et d'adolescent, je m'émerveillais toujours de le voir trouver des arguments pour riposter aux attaques des fédéralistes de la famille. Puisque j'étais encore bien jeune, je ne pouvais pas apprécier la valeur des arguments de mon grand-père, mais je lui reconnaissais au moins le mérite de tenir un discours percutant sur la nécessité de faire accéder le Québec à l'indépendance. Les fédéralistes de la famille, eux, ne faisaient que critiquer René Lévesque ou blâmer «les maudits séparatistes».

Un autre événement marquant de mon enfance fut ma présence au défilé de la fête de la Saint-Jean-Baptiste de 1968, au cours duquel Pierre Elliott Trudeau avait été la cible d'émeutiers. Il y eut ensuite la crise d'octobre 1970. Comme le bureau de circonscription de Robert Bourassa, alors premier ministre du Québec, se trouvait tout près de chez nous, les militaires étaient omniprésents dans le quartier. Très souvent, les gens qui souhaitaient accéder à notre quartier devaient donner leur identité. Il leur fallait aussi prouver qu'ils vivaient dans le coin ou qu'ils rendaient visite à un résidant du Plateau Mont-Royal. Mon grand-père Lachance a pris un malin plaisir à venir nous visiter pendant cette période. Je me portais toujours volontaire pour l'attendre à l'extérieur, dans l'espoir de le voir engueuler les militaires, qui, pour la plupart, ne parlaient pas un mot de français. Chaque fois, mon grand-père s'amusait à les ridiculiser. Je pense qu'il venait nous visiter plus souvent pour embêter les soldats plutôt que pour le simple plaisir de voir mes parents.

C'est finalement à la fin d'octobre ou au début de novembre 1976 que je me suis engagé en politique pour la première fois, à l'occasion des élections du 15 novembre. Ce jour-là, je revenais de l'école avec un de mes amis quand nous avons par hasard croisé Andrée Simard, la femme de Robert Bourassa. Elle faisait du porte-à-porte et expliquait aux gens à quel point elle était impliquée dans la circonscription. Elle paraissait sincère, nous étions donc portés à la croire quand elle parlait de son engagement communautaire à la mère de mon copain. Mais une fois l'entretien terminé, et après que cette dernière fut rentrée chez elle, Mme Simard, qui était encore sur le balcon, demanda à ses accompagnateurs quelle était sa prochaine destination.

«On s'en va faire un tour rue Parthenais», avait lancé l'un d'eux.

Et Mme Simard a posé la question: «C'est où, la rue Parthenais?» Nous nous trouvions rue des Érables, voisine de la rue Parthenais. La femme du premier ministre n'avait-elle pas dit qu'elle connaissait bien le quartier? Mon premier réflexe a été de courir au local du Parti Québécois, où j'ai rencontré un membre de l'organisation de la circonscription à qui j'ai raconté l'histoire. Les péquistes se sont d'ailleurs un peu servis de cette anecdote pendant la campagne électorale. Puis, l'un des responsables m'a demandé si je souhaitais m'impliquer dans leur campagne.

Je n'avais que quinze ans, je ne pouvais donc pas faire grand-chose pour le PQ, sauf distribuer des dépliants, arracher ou coller des affiches. Comme j'avais l'air un peu plus vieux que mon âge, on m'a un jour demandé de remplacer quelqu'un et de transporter des dépliants pour Gérald Godin pendant qu'il faisait du porte-à-porte. Une page de l'histoire québécoise était en train de s'écrire en ces derniers jours de la campagne, puisque le poète devait, le 15 novembre 1976, réussir à évincer le premier ministre Bourassa de l'Assemblée nationale.

Toujours est-il que le hasard avait placé la rue des Érables sur l'itinéraire du candidat péquiste cette journée-là. Je suis un peu tombé des nues en l'entendant s'adresser aux électeurs à grands coups de «tabarnac» et de «câlisse». Avec le temps, j'ai appris que ce vocabulaire coloré était caractéristique du personnage de Godin. Puis est arrivé le moment de sonner à la porte de chez nous. Je n'avais pas prévenu M. Godin que j'habitais à cette adresse. Ma mère a changé de visage en voyant que j'accompagnais le candidat péquiste, alors qu'elle-même participait activement à la campagne de Robert Bourassa. Le pauvre Godin s'est fait traiter de tous les noms, et ma mère m'a enjoint de rentrer à la maison. Entêté, j'ai passé outre à son ordre, et j'étais de retour dans la rue quelques minutes plus tard. J'ai terminé la campagne en effectuant diverses petites tâches pour l'équipe péquiste.

Après la campagne de 1976, je n'ai jamais cessé de militer au sein du mouvement souverainiste. Pendant la période référendaire de 1980, j'étudiais en récréologie et en sciences politiques à l'Université d'Ottawa. J'ai aidé à y mettre sur pied une sorte de branche non officielle du Mouvement étudiant pour le Oui (MEOUI) afin de rassembler les étudiants québécois souverainistes de l'institution. Mais la plus grande partie de mes temps libres, je la passais à faire l'aller-retour entre Ottawa et Montréal pour venir militer. La période était fébrile, et il y avait toujours beaucoup de choses à faire. Encore à cette époque, j'étais le type de bénévole qui posait des affiches, participait aux assemblées, regroupait des gens et tentait de les convaincre. Bref, bien loin des hautes sphères décisionnelles, je militais en tant que jeune étudiant. Rien de plus.

Au cours de cette période, une sorte de mouvance politique avait lieu au sein de notre famille. Pour la première fois de ma vie, peu avant le référendum, j'ai entendu l'un de mes frères et l'un des mes oncles se prononcer en faveur de la souveraineté. Les «assemblées de cuisine» étaient populaires à l'époque, et mon frère avait organisé une petite réunion familiale en compagnie d'un ami qui était professeur de français dans un cégep. Comme la majorité de la famille était libérale, cette réunion prenait des airs de branle-bas de combat, mais le professeur était sur place pour animer la discussion.

Cette rencontre a été des plus intéressantes parce qu'elle s'est déroulée dans un climat de cordialité. Emporté par l'enthousiasme de la jeunesse, j'avais parfois envie de me montrer arrogant, mais il était bien plus fascinant de laisser la parole à mon grand-père, qui a marqué des points toute la soirée grâce à ses arguments, qu'il exposait au fil des discussions. Pour la première fois, grand-père Lachance participait à une réunion familiale où se trouvaient des gens qui disaient comme lui. Cela démontrait qu'à force de patience et de conviction, on peut convaincre les gens de changer d'option politique quand les arguments du camp adverse sont faibles.

Malgré ma grande déception référendaire du 20 mai 1980, c'est dans cet esprit que j'ai toujours milité pour la souveraineté, en me disant qu'il fallait continuer à convaincre les gens.

Après le référendum, j'ai pris part à la campagne électorale de 1981. Le PQ va être écrasé, pensions-nous tous. «On va perdre», voilà l'essentiel du message qui parvenait aux troupes péquistes qui se démenaient sur le terrain pendant cette campagne. Or, le 13 avril, le PQ était reporté au pouvoir, et c'était l'euphorie. Par la suite, j'ai pris la décision de quitter l'université pour devenir copropriétaire d'un commerce qu'exploitait un des mes frères. Cet emploi me permettait de bien gagner ma vie et me laissait assez de liberté pour m'impliquer davantage en politique. Pour pouvoir militer, j'avais concocté un horaire de travail qui m'accordait quinze jours de congé chaque mois. Mes heures libres, je les consacrais à faire de la politique.

Notre commerce était situé dans la circonscription de Dorion, dont la députée était Huguette Lachapelle (une ex-adjointe de Lise Payette), et je me suis largement impliqué dans plusieurs organisations sociales et politiques de cette circonscription. Je consacrais presque tout l'argent que je gagnais dans le commerce à mes activités politiques. Peu à peu, j'ai gravi les échelons du militantisme dans Dorion.

En 1983, j'ai décidé de plonger pour de bon. On préparait une élection partielle dans Saint-Jacques pour le mois de juin. Cette circonscription était vacante à la suite du départ de Claude Charron, et le PQ tenait à préparer l'élection avec minutie pour s'assurer de l'emporter. Toutes les circonscriptions avaient été invitées à déléguer dans Saint-Jacques des gens prêts à travailler au succès de l'opération. Comme j'étais déjà assez connu à l'intérieur du PQ, on m'avait demandé si je souhaitais me joindre au groupe d'organisateurs. Officiellement, l'organisateur de cette campagne était Bob Dufour (devenu en 1996 directeur général du PQ), mais officieusement, les opérations étaient menées par le chef de cabinet adjoint de René Lévesque, Michel Carpentier.

Carpentier et Dufour chapeautaient l'organigramme. Ils étaient secondés par un comité électoral et par quatre chefs de secteur. J'étais l'un de ces quatre adjoints. Désireux de m'impliquer à fond, j'avais décidé de prendre de longues vacances avant de quitter le commerce. Je pourrais ainsi travailler pendant six ou huit semaines à temps plein dans l'organisation péquiste de Saint-Jacques. J'imagine que c'est le genre de geste qu'on accomplit lorsqu'on est entiché de quelque chose. J'étais, et je suis toujours, passionné par la politique. J'ai toujours consacré plus de temps et d'énergie à cette passion qu'à toute autre chose, souvent au détriment de ma vie personnelle et familiale.

L'expérience de Saint-Jacques a été mémorable pour moi parce que pour la première fois de ma vie, j'avais la chance de voir une véritable machine gouvernementale «débarquer» dans une circonscription. Des ministres et des membres de divers cabinets étaient dépêchés sur les lieux pour prêter main-forte aux militants. Bref, tout était mis en œuvre pour que le PQ remporte cette élection. Mais rien n'y fit, et le candidat libéral Serge Champagne obtint le siège tant convoité. Dans les jours qui ont suivi, on m'a demandé de continuer à militer dans Saint-Jacques. Comme il était nettement plus palpitant de militer à cet endroit, j'ai accepté d'emblée.

Toujours en 1983, l'idée de créer une nouvelle formation politique fédérale souverainiste commençait à faire son chemin à l'intérieur du PQ. Plusieurs personnes revendiquaient la paternité de cette idée, qui était toutefois parrainée essentiellement par Marcel Léger. Comme ce dernier ne figurait pas parmi les préférés de René Lévesque, il fut délesté de ses fonctions ministérielles et ne conserva que son travail de député, ce qui lui laissa le temps de s'occuper de la fondation du nouveau parti.

René Lévesque n'était pas très favorable à ce projet, qui pour ma part m'intéressait vivement. Je suis donc allé voir directement Marcel Léger et son directeur, Jacques Brault. En fin de compte, je me suis impliqué à temps plein et j'ai beaucoup travaillé en compagnie de Marcel Léger. Le bureau national de ce futur parti, qui est devenu officiellement le Parti nationaliste, regroupait des intellectuels, des députés et un ou deux ministres, et ce, en dépit de l'opinion défavorable du premier ministre.

On avait retenu mes services à titre de responsable de l'organisation. Une des mes tâches était de faire s'allonger la liste des membres. Je m'étais entendu avec Marcel Léger et

Jacques Brault pour qu'on me paie un peu, de façon à ce que je puisse rester en permanence. En un mois et demi, nous avons recruté environ 10 000 membres, mais nous puisions une grande part de nos effectifs dans les rangs du PQ. J'accompagnais aussi Marcel Léger dans ses tournées régionales. Pour chaque ville que nous visitions, je m'occupais, avant notre arrivée, de l'organisation de l'événement par téléphone. Quand nous étions à destination, que ce soit dans la Beauce, à Rimouski ou ailleurs, pendant que Marcel Léger réglait deux ou trois autres affaires, j'allais vérifier si l'organisation locale était prête et si elle avait fait en sorte de réunir suffisamment de personnes. Dans la soirée, M. Léger prononçait un discours, nous vendions des cartes de membres et nous repartions.

Après quelque temps, on m'a offert des émoluments de 35 000 $ émanant du ministère des Affaires municipales, dont Alain Marcoux était le titulaire. Mais à compter de ce moment, Marcel Léger ne fut plus notre véritable patron. Celui qui tirait les ficelles, c'était Michel Carpentier. Puisqu'on faisait de nous des employés politiques du gouvernement, il était clair pour tout le monde que c'était Michel Carpentier le patron. Dans la même situation que moi, il y avait Bob Dufour, ainsi que d'autres personnes venant de différents horizons. Tous ces gens étaient réputés bons organisateurs politiques. Ce rassemblement de personnes qualifiées en matière d'organisation faisait en sorte que nous étions capables de monter un projet qui avait de l'allure.

En 1984, notre campagne de création d'un nouveau parti souverainiste fédéral avait donné de si bons résultats que nous étions devenus beaucoup plus forts que René Lévesque ne l'avait imaginé. De plus, M. Lévesque était alors en désaccord avec certains de ses ministres à propos de l'utilité de la nouvelle formation politique. Le premier ministre avait accepté un compromis, et le Parti nationaliste devait se convertir en parti frère du Parti Québécois. Mais, mauvaise nouvelle pour Marcel Léger, comme il prévoyait appuyer le

Parti nationaliste aux prochaines élections fédérales, René Lévesque souhaitait que les rênes de cette nouvelle formation politique soient tenues par Bernard Landry ou par Jacques-Yvan Morin. Mais étant donné que l'un et l'autre percevaient cette mission comme une rétrogradation, le premier ministre a fini par «tirer la plogue».

Finalement, tous ceux qui avaient été inscrits sur les listes de paye de ministères furent peu à peu dirigés vers d'autres secteurs d'activité par Michel Carpentier. Laissé presque seul avec son projet inachevé, Marcel Léger s'est ensuite fait dire qu'il pourrait redevenir ministre s'il abandonnait l'idée du Parti nationaliste, ce qu'il a fait. Et peu de temps après, on lui confiait un ministère qui n'avait jamais existé auparavant: celui du Tourisme. D'après la version officielle, Marcel Léger avait obtenu ce nouveau poste parce qu'il avait construit de toutes pièces, avec succès, le récent ministère de l'Environnement. Mais tous ceux qui suivaient de près la politique savaient que c'est avec le cabinet du ministère du Tourisme que le PQ préparait la prochaine campagne électorale.

L'ex-directeur général du PQ, Gilles Corbeil, était devenu directeur du cabinet du ministre du Tourisme, et Michel Carpentier avait hérité des fonctions de sous-ministre. Pendant que le ministre allait serrer la main à des dignitaires étrangers ou qu'il allait se faire photographier dans les congrès de tourisme, plusieurs membres de son personnel travaillaient à autre chose. Pour ma part, je remplissais diverses missions, qu'il s'agisse d'accompagner une délégation de politiciens et de journalistes belges en tournée ou de préparer des activités du PQ. Les élections partielles faisaient quelquefois partie de mes tâches.

Cela a pris fin en 1984, avec la ligne d'action du «beau risque» imposée par René Lévesque. Comme beaucoup de monde, j'ai alors quitté le PQ. Certains, tel Jacques Parizeau, l'ont fait par conviction. Des ministres sont partis simplement parce qu'ils ne voulaient pas se faire battre aux élections qui approchaient.

Ma défection fut de courte durée. En 1985, René Lévesque ayant démissionné, une course à la chefferie a été déclenchée. Voyant une élection générale se dessiner à l'horizon, Bob Dufour m'avait sollicité pour travailler dans la circonscription de Sainte-Marie où il voulait se porter candidat. Les gens commençaient déjà à structurer leurs circonscriptions parce que chacun choisissait son camp, et ceux qui misaient sur le mauvais cheval dans la course à la direction risquaient de ne pas être candidats à l'élection générale. J'avais accepté de travailler avec Dufour qui, lui, s'était rangé dans le camp de Pierre-Marc Johnson. Bob Dufour et moi avions convenu de nager dans le sens du courant de façon à remporter le siège, en nous disant que nous aurions bien le temps, par la suite, de résoudre nos crises internes de nationalistes.

«Je suis prêt à travailler à ta campagne, mais je ne le ferai pas bénévolement. Ce n'est pas uniquement une question d'argent, mais si je dois y participer, je le ferai à temps plein, pas à raison de trois heures par semaine», ai-je fait savoir à Bob Dufour.

Pour régler ce problème d'argent et de temps, Bob a fait appel à son ancien patron, le député Guy Bisaillon. Ce dernier était devenu député indépendant et son bureau était fermé. Pour remercier Bob, ce député m'a donné quelque 1500 $ pour travailler à la campagne de Bob Dufour. Officiellement, cette dépense aux frais du contribuable a été déclarée en tant que «dépense de recherche». Une recherche que je n'avais jamais faite!

Bien sûr, ça remonte à loin, les petits tours de passe-passe au gouvernement. C'est au cours de cette période, finalement, que j'ai compris à quel point l'environnement politique ouvrait la voie à toutes sortes d'abus. Il était parfois ahurissant de constater à quel point le gouvernement pouvait fonctionner «tout croche». En fin de compte, en repensant aux titres fictifs d'attaché politique dont on m'avait déjà affublé pour que je puisse me consacrer à l'organisation politique, j'ai cessé de m'en faire avec ces tractations de coulisses, qui se pratiquent encore d'ailleurs.

Au terme de mon premier mois d'implication dans la campagne de Pierre-Marc Johnson, Bob Dufour m'a demandé de rester jusqu'à la fin de la course à la chefferie. Il me demandait de devenir son directeur de campagne, mais le problème de ma rémunération subsistait. Dufour a donc téléphoné à Jacques Rochefort. Ce député de Gouin était à ce moment l'organisateur en chef de Pierre-Marc Johnson. Il était aussi devenu ministre de l'Habitation et de la Protection du consommateur dans le gouvernement de Johnson.

«Parfait, on va payer Néron. On va l'inscrire sur la liste de paye d'un cabinet de ministre à 35 000 $ ou 40 000 $, mais il va venir travailler pour moi dans ma circonscription», a répondu Rochefort.

Cette réponse n'a pas plu à Bob Dufour, mais Rochefort m'a fait appeler pour trouver un terrain d'entente.

«Écoute, on ne se chicanera pas longtemps. Si tu veux qu'on te paie, tu t'en viens dans Gouin», m'a-t-il offert par l'entremise d'un adjoint.

J'ai refusé l'offre, faisant valoir que j'avais donné ma parole à Bob. L'idée de travailler pour l'organisateur en chef de Pierre-Marc Johnson ne m'excitait guère. Johnson n'était pas mon idole et ne l'a jamais été. Bob Dufour et moi voulions seulement remporter la circonscription de Sainte-Marie pour ensuite disposer d'une voix à l'intérieur du PQ et tenter de changer un certain nombre de choses.

Bob a contacté d'autres personnes pour avoir de l'argent, mais nous nous sommes retrouvés dans la même situation. Le chef de cabinet du ministre Élie Fallu, Yvon Cormier, qui se portait candidat dans la circonscription de Labelle, acceptait de m'inscrire sur une liste de paye... à condition que je travaille pour lui dans sa circonscription. J'étais devant un dilemme: jouir de nouveau de la sécurité d'un salaire de 35 000 $ ou 40 000 $ par an, ou travailler avec Bob Dufour sans savoir quel serait mon revenu; j'ai choisi de continuer avec ce dernier!

En fin de compte, toutes ces tergiversations n'ont pas servi à grand-chose. Les libéraux ont pris le pouvoir. Dans Sainte-Marie, c'est Michel Laporte, le dauphin du député libéral fédéral de l'époque, Jean-Claude Malépart, qui l'a emporté.

Par la suite, j'ai continué à militer dans la circonscription de Sainte-Marie. En 1986, j'ai pris la décision de ne pas renouveler ma carte de membre du PQ. Nous n'avions plus de pouvoir dans le parti, et il devenait de plus en plus lourd d'assister aux conseils nationaux, où il n'y en avait que pour les chicanes entre les partisans de Pierre-Marc Johnson et un groupe de dissidents rassemblés sous la bannière du Regroupement démocratique pour l'indépendance.

Désireux de continuer à militer pour la souveraineté, mais selon un engagement politique différent, j'ai eu tôt fait de m'intéresser à la Société Saint-Jean-Baptiste de Montréal (SSJB-M), dont les rouages internes m'étaient cependant peu familiers. Petit à petit, j'ai commencé à côtoyer les gens de la SSJB-M, qui m'ont semblé plus préoccupés par l'organisation de la fête nationale que par la mise en œuvre de grands projets de promotion de la souveraineté.

Mon séjour à la SSJB-M en tant que militant et contractuel a duré de 1986 à 1992. J'y étais chargé de deux missions bien précises: organiser le financement du retour du grand défilé de la fête nationale et m'occuper de la question linguistique. J'ai donc contribué à l'organisation de toutes les manifestations qui ont eu lieu à cette époque, notamment celles qui ont amené, en avril 1988, environ 30 000 personnes et, en mars 1989, sous l'égide du Mouvement pour un Québec français, plus de 60 000 personnes à descendre dans la rue pour défendre la loi 101. En ce qui a trait à la question linguistique, je faisais équipe avec Jean Dorion, qui deviendra plus tard délégué du Québec au Japon. Ce dernier était responsable du contenu, tandis que je supervisais l'organisation. Nous avions élaboré des thèmes du genre «Un Québec français» et nous agissions de façon très autonome par rapport au Parti Québécois.

En voyant le fonctionnement interne de la SSJB-M, je me rendais compte de l'ampleur des moyens financiers et techniques de cette organisation, qui était également dotée d'un bon réseau de communication. J'étais donc un peu déçu de constater que nous avions les moyens de faire beaucoup plus pour la promotion de la souveraineté, mais que nous ne le faisions pas. Au-delà du rétablissement de la tradition du défilé de la Saint-Jean, un principe était plus fondamental: la promotion de la souveraineté. Il me semblait évident que de tels événements devaient servir, entre autres, la cause de la souveraineté.

«Cessons de jouer les vierges offensées. Nous sommes un organisme politique mais non partisan», faisais-je valoir.

Qu'on organise un défilé avec des chars allégoriques et que le thème majeur n'en soit pas l'indépendance, cela ne me posait aucun problème. Mais j'estimais normal que la SSJB-M et son comité de la fête nationale abordent le thème de l'indépendance sur leur propre char allégorique, et on ne voulait pas le faire. Chez certains, le refus était peut-être lié aux subventions du gouvernement libéral. Pour d'autres, le fait que la présidence de la SSJB-M et celle du comité de la fête nationale étaient assumées par la même personne posait un problème.

Je proposais aussi que la marche qui suivait tradition- nellement le défilé prenne une tournure très nationaliste, mais sans bannière politique partisane. J'estimais qu'il était normal que le peuple québécois puisse manifester en faveur de la souveraineté à l'occasion du défilé du 24 juin, de la même façon que les Canadiens manifestent leur attache- ment pour le Canada le 1er juillet.

Comme les gens de la SSJB-M démontraient bien peu d'enthousiasme pour une promotion énergique de la souve- raineté, j'avais décidé de leur «brasser un peu la cage», même si je n'étais que contractuel. Je songeais à quitter mon poste pour devenir conseiller général à la SSJB-M, de façon à faire changer les choses. Durant l'été 1988, le défilé de la SSJB-M était sur le point de renaître, mais les choses ne se concrétisaient pas comme prévu. J'étais en quelque sorte devenu un opposant à la direction de Nicole Boudreau. Nous avons donc mis fin à notre entente contractuelle, et j'ai décidé en 1989 de me présenter aux élections de la SSJB-M pour briguer un poste de conseiller général. Il s'agissait d'un poste bénévole qui pouvait exiger trois heures de travail par semaine, ou huit heures par jour, selon le degré d'implication et de volonté du titulaire du poste.

À la SSJB-M, sentant que son autorité était contestée et qu'elle serait incapable de se faire réélire à une majorité suffisante (une règle de la SSJB-M exige qu'un président récolte les deux tiers des votes pour un deuxième mandat), Nicole Boudreau appuya Jean Dorion, qui fut élu à la majorité simple. Le groupe de Dorion a finalement remporté tous les postes disponibles... sauf un. Battant un conseiller général qui était en place depuis plus de dix ans, je fus le seul de mon groupe à être élu.

L'arrivée de Jean Dorion à la présidence de la Société Saint-Jean-Baptiste de Montréal souleva un autre débat de fond au sein de l'organisme. Dorion avait auparavant travaillé dans le domaine de l'immigration au sein de l'appareil gouvernemental québécois. Il voulait que la SSJB-M serve de pont entre les immigrants et la communauté québécoise. Je ne m'opposais pas à cette idée, loin de là, mais je m'opposais à ce que la SSJB-M mette l'accent seulement sur l'intégration des immigrants. Je souhaitais que l'organisme fasse en premier lieu la promotion de la souveraineté.

«Consacrons un peu d'argent et un peu de temps à l'intégration des immigrants, mais n'investissons pas toute notre énergie dans ce dossier, puisque l'intégration des immigrants est avant tout une responsabilité gouvernementale», arguais-je.

Par exemple, on voulait profiter du défilé de la fête nationale pour installer des enfants de toutes les ethnies sur un gros char allégorique et leur faire chanter *Gens du pays*. Et que dire de ces Mexicains vêtus de leurs costumes traditionnels

qui dansaient sur l'air de *La Danse à Saint-Dilon*? Je rétorquais
que ces démonstrations, loin d'être des preuves d'intégration,
étaient plutôt des exercices de communication démontrant
qu'on peut faire faire n'importe quoi à n'importe qui, tout
comme le font les organisateurs du défilé de la fête du
Canada.

Les alliés de Jean Dorion décidèrent d'aller de l'avant
avec leur projet, qui m'apparut encore plus fragile lorsqu'un
journaliste prit l'initiative, pendant une répétition, d'aller
demander aux enfants ce que la chanson *Gens du pays* signifiait pour eux. Alors que le char allégorique avait été conçu
dans le but de montrer que ces enfants étaient intégrés au
Québec, le petit Québécois d'origine chinoise répondit que
la chanson de Gilles Vigneault lui faisait penser «à son pays,
la Chine». Et la petite Québécoise d'origine haïtienne ren-
chérit en disant que, pour elle, *Gens du pays* s'adressait aux
Haïtiens. Que pouvait-on gagner en installant 50 enfants sur
un char et en leur faisant chanter une chanson qui n'avait
aucune résonance québécoise pour eux? J'étais convaincu
que nous étions sur la mauvaise voie à ce moment-là

Étant minoritaire au sein du conseil d'administration, je
me trouvais parfois dans une situation délicate, mais j'avais
l'avantage de jouir de l'appui d'un bon nombre d'anciens
présidents de la SSJB-M. Toutefois, le plus gros inconvénient
quand on se retrouve dans l'opposition, c'est qu'on hérite en
même temps de quelques farfelus en guise de partisans. On
hérite, par exemple, des xénophobes ou des parasites de ce
genre. Ces gens se rangent derrière vous non pas parce qu'ils
apprécient votre travail, mais simplement parce que cela leur
donne plus de poids pour critiquer vos opposants.

En 1990, le Québec traversait une période de grande
fébrilité politique qui était par ailleurs à l'avantage des
souverainistes. L'accord du lac Meech venait d'échouer, les
sondages oscillaient autour de 65 % en faveur de la souveraineté et Jean Chrétien était de retour en politique en tant que
chef du Parti libéral du Canada (PLC).

Contre l'avis d'une grande majorité des autres membres du conseil d'administration de la SSJB-M, qui s'opposaient à la politisation de cet événement, j'ai participé, en collaboration avec le PQ et les centrales syndicales, à l'organisation de la grande marche du défilé de la fête nationale. Cette année-là, la marche avait une très forte connotation politique, et un demi-million de Québécois y ont participé.

Peu après cet événement, déçu par l'attitude de Jean Dorion, Bernard Landry (alors vice-président du Parti Québécois) a demandé à l'un de ses adjoints, François Leblanc, de me rencontrer pour m'inviter à me porter candidat à la présidence de la SSJB-M, ce que j'avais déjà l'intention de faire dès l'élection du printemps 1992. Par la suite, j'ai rencontré le directeur général du PQ, Pierre Boileau, et je lui ai dit que j'allais en effet me porter candidat à la présidence, mais qu'il était hors de question que je le fasse à la solde du PQ, parce que je voulais que la Société reste autonome.

Je me suis donc retrouvé à faire campagne contre le PQ à la présidence de la SSJB-M, puisque les péquistes s'étaient rangés dans le camp de Dorion, avec qui ils avaient conclu une entente. Pendant le week-end du congrès, peut-être pour la première fois de l'histoire de l'organisme, le chef du PQ, Jacques Parizeau, est venu prononcer un discours... deux heures avant le vote. Les péquistes semblaient craindre que je prenne les commandes d'un organisme qui pouvait dépenser plusieurs millions pour la promotion de la souveraineté. En fait, ils craignaient que mon plan de promotion ne soit pas centré sur le PQ. Mes discours portaient d'ailleurs sur la nécessité de favoriser la participation d'organismes politiques mais non partisans au débat sur la souveraineté. Or le PQ ne voulait surtout pas perdre son monopole en la matière.

Dès que j'ai commencé à parler de la nécessité de préserver l'autonomie de la Société, j'ai recueilli des appuis considérables.

«Il ne faut pas que le PQ prenne le contrôle», venaient me dire de nombreux sympathisants.

Les péquistes ont vraisemblablement senti que le vent tournait dans cette direction. J'étais à la fin de mon mandat de trois ans comme conseiller général et je devais me faire réélire à ce poste pour avoir le droit de me présenter à la présidence de la SSJB-M. Les péquistes ont donc mis le paquet et j'ai été défait, à titre de conseiller général, par environ 40 votes.

Les alliés de Jean Dorion avaient obtenu des avis juridiques leur permettant de reprendre le contrôle à la majorité simple. Après cet épisode, j'ai décidé de faire une pause et de cesser de militer. Je me disais que le PQ fourrait son nez partout et que nous n'avancerions jamais.

Chapitre II

La souveraineté ne se quémande pas, elle ne se négocie pas. Elle se prend. Elle se prend par le peuple à l'aide des outils que sont les partis politiques et les organismes qui peuvent en faire la promotion. Les hommes et les femmes qui deviennent membres d'une formation politique, très souvent, le font pour défendre une cause. Ils sont toutefois rares, ceux qui veulent et peuvent y consacrer le temps et l'énergie nécessaires, même lorsqu'on les rémunère un peu pour le faire. Car, on le sait, les salaires sont beaucoup moins élevés que dans le secteur privé. Les gens qui s'impliquent en politique le font donc pour être aux premières lignes d'une bataille à mener.

Ce qui est dommage, c'est que, trop souvent, les hommes et les femmes politiques, après un certain temps de vie publique (où se côtoient pouvoir et prestige), s'abandonnent au plaisir d'être députés, plaisir qui, semble-t-il, les atteint psychologiquement au point que l'*ego* prend le dessus sur la cause. Il s'ensuit que leur carrière politique les préoccupe tant qu'ils en viennent à accepter que la cause soit mise de côté.

C'est d'ailleurs dans cette perspective qu'avant le référendum de Charlottetown, conscient de ce qui était en train de se produire et conscient de ce qui s'était passé auparavant, pendant les audiences de la commission Bélanger-Campeau, je dénonçais l'attitude des politiciens.

Je reviens brièvement en arrière pour expliquer que, dans les années 1989, 1990, 1991 et même 1992, j'ai toujours dit, lorsque j'étais à la société Saint-Jean-Baptiste de Montréal, qu'il était important que cette société, comme tous les autres organismes politiques non partisans – et je fais bien la distinction entre les deux –, puisse faire la promotion de la souveraineté pour ratisser le plus large possible, afin de créer le plus vaste consensus.

Dans certains discours que je prononçais à ce moment-là, je disais qu'il fallait faire en sorte de recueillir des appuis, d'avoir des contacts, des communications, de faire de l'éducation populaire auprès de toutes les personnes qui n'ont pas confiance dans les politiciens ou dans les partis politiques traditionnels, qui craignent l'esprit partisan. En fait, être politique ne signifie pas nécessairement être partisan d'une formation politique. Et je disais qu'il ne fallait pas se laisser influencer par les formations politiques ni par la pseudo-souveraineté que préconisaient les Jean Allaire ou Mario Dumont.

Il s'est trouvé qu'en 1992, avant le référendum de Charlottetown, j'avais rédigé le texte suivant, intitulé «Les fédéralistes ont déjà gagné, avec un Oui comme un Non, l'indépendance est la grande perdante de cet exercice». Ce texte, qui a paru dans *Le Devoir* le 16 octobre, disait que, finalement, si le camp du Non (qui ralliait les souverainistes et certains fédéralistes comme Pierre Elliott Trudeau) n'obtenait pas plus de 60 %, les fédéralistes auraient gagné le référendum:

> Depuis le commencement de cette campagne référendaire sur les offres de Charlottetown, je suis forcé de prédire que les fédéralistes vont en sortir grands vainqueurs. Non pas que je prévoie une victoire du Oui. Mais surtout parce qu'on doit aujourd'hui constater que même si le Non l'emportait, avec moins de 60 %, ce sont encore les fédéralistes qui vont gagner.
>
> Je m'explique. La première hypothèse, c'est que le Oui l'emporte: victoire sans équivoque des fédéralistes. La deuxième hypothèse tient pour acquis que les indépendantistes ne peuvent voter Oui sous aucun prétexte, qu'ils ne sont pas parmi les indécis non plus. Nous devons donc conclure qu'ils sont inclus dans les 43 % de personnes sondées qui se déclarent en faveur du Non. Ce qui veut dire qu'il y a encore 57 % des gens qui ne veulent pas la souveraineté.

Ce qui est encore plus alarmant, c'est que dans le camp du Non on retrouve un grand nombre de fédéralistes: les Pierre Elliott Trudeau, Jean Allaire, Peter Blaikie, Mario Dumont et autres. Ce qui équivaut à quel pourcentage dans le camp du Non? Cinq pour cent? Huit? Davantage? On ne le sait pas encore... Il est étonnant qu'il n'y ait aucun sondage qui puisse nous éclairer.

De toute façon, dans l'hypothèse où un Non l'emporte, nous allons demeurer dans le *statu quo* fédéraliste. Et jamais, nous, les indépendantistes, ne pourrons-nous être fiers.

Si nous en sommes là aujourd'hui, ce n'est certes pas la faute de Robert Bourassa. Peut-on lui reprocher d'avoir tout fait pour défendre sa position et d'en avoir pris les moyens? Rappelons-nous qu'il est fédéraliste. Les véritables responsables, ce sont plutôt les leaders indépendantistes qui n'ont pas su assumer leurs responsabilités.

L'histoire récente du Québec est très éloquente. En 1990, après le rejet de Meech par d'autres provinces, les sondages indiquaient clairement que les souverainistes avaient plus de 60 % d'appui dans la population. Rappelons-nous le 25 juin 1990 quand 500 000 personnes marchaient dans les rues pour manifester leur désir d'un Québec souverain.

Pour contourner cette difficulté, Robert Bourassa, avec l'assentiment du Parti Québécois, forme la commission Bélanger-Campeau pour discuter de l'avenir du Québec. Voilà que Robert Bourassa marque encore des points.

Étonnant également qu'à ce moment-là les commissaires de Bélanger-Campeau, les Jacques Parizeau, Lucien Bouchard, Louis Laberge, Serge Turgeon, Lorraine Pagé et Gérald Larose forment le Mouvement Québec 91, dont l'objectif est de faire pression sur le gouvernement Bourassa afin qu'il tienne un référendum sur la souveraineté. Mais voilà encore que Robert Bourassa «noie le poisson», ou plutôt «les poissons»: en concoctant la loi 150 pour la fin de l'année 1992, il gagne un temps précieux.

Est-il logique que ceux et celles qui siègent à la commission Bélanger-Campeau soient les mêmes qui se retrouvent au même moment pour exiger un référendum en 1991, et que, malgré ce fait, ils signent un rapport permettant au gouvernement de se rendre jusqu'en 1992? Le moins que l'on puisse dire, c'est que ces leaders nationalistes ont manqué de cohérence...

Pourquoi n'ont-ils pas, à ce moment-là, quitté cette commission et fait un geste politique en invitant les membres de leurs organismes respectifs à descendre dans la rue pour manifester leur désaccord? Pour faire véritablement pression sur le gouvernement?

Puisqu'ils ont confondu geste politique et convention collective, ils ont conclu une entente et formé le Mouvement Québec... 92 pour exiger un référendum en 1992 sur la souveraineté. Mais pendant tout ce temps, aucune campagne publicitaire, aucune organisation dans le but d'expliquer les avantages de l'indépendance.

Le PQ, avec d'autres, s'est uniquement occupé à commenter les négociations constitutionnelles. Et le Mouvement Québec 92, pour faire pression sur le gouvernement, a organisé une petite manifestation à l'automne dernier, au Palais des congrès. En tout et pour tout, 3 500 personnes étaient présentes.

Ils ont également fait circuler une pétition où l'on devait recueillir plus d'un million de signatures – pétition maintes fois paraphée par les mêmes signataires. Elle devait être déposée le 24 juin dernier à l'Assemblée nationale: ce ne fut jamais fait. Et nous voilà exactement où Robert Bourassa voulait en arriver, avec un référendum sur les offres de Charlottetown.

C'est le monde à l'envers: le Oui, avec une campagne publicitaire plus nationaliste que le camp du Non, et en face, une campagne publicitaire qui nous dit qu'«à ce prix-là, c'est Non!» Mais à quel prix, M. Parizeau, accepteriez-vous de dire Oui au Canada? Au même prix que Jean Allaire? Pour ma part, c'est clair: il n'y a aucun prix!

Nous sommes forcés de constater, malheureusement, que cette campagne se déroule davantage sur la crédibilité des politiciens que sur des idées. Que le camp vainqueur sera tout simplement celui qui aura commis le moins d'erreurs médiatiques.

D'un côté comme de l'autre, nous manquons de grands leaders politiques. Personne n'a plus le charisme des René Lévesque et Pierre Elliott Trudeau. Il ne nous reste plus qu'une seule chose à faire: faire confiance au peuple du Québec pour qu'un jour prochain, le plus tôt possible, il puisse s'exprimer en faveur du projet de l'indépendance du Québec. Non pas à la pseudo-souveraineté de Jean Allaire, mais à celle des idées claires, à la Pierre Bourgault.

Qui fera cet appel au peuple? Certes pas le gouvernement libéral. Peut-être pas non plus le Parti Québécois, dont un très grand nombre de députés semblent plus préoccupés par la reconquête du pouvoir provincial que par l'indépendance.

Rappelons-nous qu'en neuf ans de pouvoir, ces individus n'ont rien accompli pour l'indépendance. Sol a déjà dit que «pour être un géant, il suffit de se tenir debout»!

À l'époque, dans les cercles souverainistes, on reprochait à Lucien Bouchard de tout mettre en œuvre pour en arriver à une entente négociée avec Robert Bourassa plutôt que de mettre fin aux travaux de la commission Bélanger-Campeau. Il était notoire que Jacques Parizeau souhaitait maintenir ses positions plutôt que de faire confiance à Robert Bourassa, mais en jouant les dissidents, il risquait de se retrouver isolé.

Il y avait là, entre autres, des gens d'affaires, des élus municipaux, des députés provinciaux, ainsi que Louis Laberge, de la Fédération des travailleurs du Québec (FTQ), Gérald Larose, de la Confédération des syndicats nationaux (CSN), Lorraine Pagé, de la Centrale de l'enseignement du Québec (CEQ), Jacques Proulx, de l'Union des producteurs agricoles (UPA), Claude Béland, du Mouvement Desjardins et Serge Turgeon, de l'Union des artistes (UDA). En plus des formations politiques, un très grand nombre de souverainistes étaient représentés à cette commission. Lorsqu'ils ont abouti à un cul-de-sac, ils ont décidé, à l'instigation de Lucien Bouchard entre autres, d'essayer de faire confiance à Robert Bourassa plutôt que de risquer de provoquer la scission de certains groupes.

La conjoncture politique était à ce moment-là favorable à la souveraineté du Québec, et l'aurait été d'autant plus si cela avait été Robert Bourassa qui avait déclenché un référendum dans les mois suivant les travaux de la commission Bélanger-Campeau, sans attendre le 26 octobre 1992.

À la limite, nous aurions pu essayer de faire un compromis entre la souveraineté et les recommandations du rapport Allaire, dans l'hypothèse où Robert Bourassa aurait été tenté de tenir ce référendum. Mais il fallait le tester pour en arriver finalement à un référendum clair sur la souveraineté tout en proposant une offre de partenariat.

En définitive, M. Bourassa avait su naviguer avec la pseudo-souveraineté mise de l'avant par le tandem composé de Jean Allaire et de Mario Dumont. Fort de la confiance de

Lucien Bouchard, Robert Bourassa n'avait pas «noyé le poisson», mais bien «les poissons», comme je l'écrivais à l'époque, en blâmant au passage les Jacques Parizeau, Gérald Larose et Lucien Bouchard. Cependant, on ne pouvait en vouloir à Robert Bourassa, qui avait été fidèle à lui-même, c'est-à-dire ambivalent. Il modifiait ce qu'il fallait modifier quand cela lui plaisait, aux dépens des souverainistes, et avec mépris quand c'était possible.

Dans ce contexte, Lucien Bouchard a donc été le leader des gens qui voulaient absolument négocier avec Robert Bourassa.

Un peu plus tard, en 1993, déçu par ce qui s'était passé, j'ai décidé d'aller voir s'il y avait véritablement une fibre souverainiste chez les libéraux qui avaient quitté le Parti libéral du Québec (PLQ), et qui songeaient éventuellement à créer une nouvelle formation politique.

Je lorgnais de ce côté avec deux objectifs bien précis: a) mesurer le degré d'intérêt de ces gens par rapport à la souveraineté, mais aussi le sérieux de leur projet de création d'une nouvelle formation politique; b) je voulais savoir si ce que j'avais préconisé (obtenir le plus large consensus possible) pouvait contribuer à faire augmenter le nombre de souverainistes et nous faire franchir une étape de plus.

Fin octobre, début novembre, je rencontrais le député indépendant Jean-Guy Saint-Roch, de Drummond, qui était du groupe Allaire-Dumont. Nous nous étions donné rendez-vous au restaurant La Caravelle, à Québec. Je me trouvais dans une situation un peu particulière parce que je souhaitais que Saint-Roch me mette en contact avec Jean Allaire et Mario Dumont et que j'avais tout de suite senti qu'il y avait un conflit entre les deux premiers, tous deux anciens libéraux.

Il m'a donc fallu prendre contact moi-même avec Jean Allaire, qui m'a reçu à son bureau de Laval. Je lui ai fait part très honnêtement de ce que je pensais alors du Parti Québécois et de ce que j'avais dit de lui dans certains discours au sujet de sa pseudo-souveraineté. Il se rappelait d'ailleurs avoir déjà lu le texte du *Devoir* dans lequel je parlais de lui et de tous les souverainistes qui avaient «manqué leur coup» à la commission Bélanger-Campeau.

Il a dit se souvenir de cela et m'a proposé, dans l'éventualité de la formation d'un nouveau parti politique, de compter parmi ses collaborateurs. J'ai rencontré par la suite l'un de ses principaux collaborateurs, Moncef Guitouni. J'ai aussi rencontré Mario Dumont et quelques autres artisans de cette nouvelle organisation politique. La plupart étaient des libéraux dissidents, dont l'ex-directeur des communications du PLQ, Michel Lalonde, un ancien conseiller juridique (qui était l'adjoint de M. Allaire dans le comité du rapport Allaire), Jacques Gauthier et Stéphane Le Bouyonnec, ex-collaborateur de Pierre-Marc Johnson.

J'ai donc décidé de me joindre à ce groupe pour voir de quoi il retournait. On y trouvait plusieurs personnes inexpérimentées, mais aussi des gens plus branchés au chapitre intellectuel, dont Jacques Dufresne, l'éditeur de l'*Agora*.

Finalement, la résolution de créer cette formation politique fut prise et le train se mit rapidement en marche. Nos forces vives reposaient entre les mains d'une majorité de jeunes puisque plusieurs des membres de la commission jeunesse du PLQ avaient suivi Jean Allaire et Mario Dumont dans leur dissidence.

Ce groupe de jeunes, auquel je me joignais, était débordant d'énergie et imprégné d'une sorte d'esprit de clan très aiguisé. Tous se serraient les coudes, ce qui explique sans doute qu'il leur a fallu plusieurs semaines d'observation avant de me considérer comme l'un des leurs. Par la suite, les choses se sont dans l'ensemble très bien déroulées même si, de par mes convictions souverainistes, j'appartenais à un groupe sanguin politique différent du leur.

Ce petit clan, Mario Dumont le dominait totalement. Il le dominait, j'imagine, aussi bien qu'à l'époque de la commission jeunesse du PLQ. Doté de grandes capacités intellectuelles,

Mario exerçait, en dépit de son manque d'expérience, un fort ascendant sur ces gens. Cela était encore plus vrai quand il jouissait de l'appui de Jean Allaire. Lorsque Mario Dumont affirmait que c'était noir, c'était noir pour tout le monde. Tant que Mario avait en poche l'assentiment «royal» du chef fondateur Jean Allaire, tout semblait acceptable à son groupe d'ex-libéraux.

Nos jeunes, qui étaient majoritaires, n'étaient en réalité pas toujours très attentifs à ce qui se déroulait autour d'eux. Leurs réflexes politiques présentaient quelques faiblesses, mais le climat était plutôt agréable. Les gens aimaient se réunir, et le moindre événement pouvait servir de prétexte pour se regrouper et faire la fête. Il m'a fallu quelques semaines pour faire ce constat, et Jean Allaire, au cours d'une conversation, m'a fait part d'une observation semblable. Dans la perspective de la naissance d'une nouvelle formation politique, nous trouvions cependant que ce climat était quelquefois peu propice à la bonne marche des choses.

Bien entendu, nous avions confié à certains collaborateurs la tâche de jeter les bases de notre programme politique, tandis que d'autres veillaient à la mise sur pied de l'organisation du parti. Toutefois, le temps commençait à manquer, car le congrès de fondation était prévu pour mars 1994. Le fait saillant de ce congrès devait être l'établissement d'orientations générales par le parti, mais à cette époque, nous commencions à nous dire que, même avec les plus belles idées, l'avenir de notre projet s'annonçait difficile. Le total des gens impliqués dans la mise sur pied de ce qui allait devenir l'Action démocratique du Québec (ADQ) tenait dans un petit salon. Et notre congrès de fondation reposait sur une douzaine d'organisateurs. Il n'y avait là rien qui permette d'envisager l'avenir avec optimisme.

En tout cas, les médias nationaux qui s'intéressaient à notre embryon de formation politique partageaient cet avis. Il fut écrit que notre projet était voué à l'échec et que notre type d'organisation ne mènerait nulle part. Je partageais cet avis et j'en ai fait part à Jean Allaire.

«Nous n'irons nulle part en continuant dans ce sens-là. Tout le monde veut remplir le sucrier, mais personne ne s'occupe de mettre la table», ai-je alors déploré.

Nous avons par la suite décidé d'en parler à Mario Dumont ainsi qu'à un membre du conseil d'administration, Moncef Guitouni. La mise en garde était nécessaire et empreinte de réalisme.

«Les gens que vous avez choisis pour organiser le congrès sont trop inexpérimentés. Et ceux du groupe qui ont un sens de l'organisation plus développé n'arriveront à rien parce qu'ils ont appris à travailler au PLQ», avons-nous prévenu.

Cette remarque n'avait rien de péjoratif. Évidemment, les militants libéraux sont parfaitement capables d'organiser des rassemblements politiques, mais ils sont habitués à le faire à la manière du PLQ, qui a une culture politique très particulière. Ceux qui ne sont pas familiers avec les formations politiques fédéralistes auront peut-être du mal à le croire, mais à l'époque, même les groupes de jeunes bénéficiaient d'un soutien financier. Ils étaient équipés de cellulaires, d'ordinateurs et de tout ce qu'on pouvait souhaiter comme équipement de bureau. Souvent, les militants qui assistaient aux assemblées de cette formation politique se déplaçaient parce qu'on leur avait payé leur chambre d'hôtel pour le week-end, leur transport, leur nourriture et, dans certains cas, parce qu'on leur avait accordé une allocation.

Fraîchement sortis de ce moule ouaté, nos jeunes se sentaient donc quelque peu déphasés dans ce contexte où aucune somme d'argent, ni quoi que ce soit d'autre, n'était disponible. Pour aboutir à quelque chose, nous ne pouvions compter que sur un très petit bassin de sympathisants et sur notre capacité d'organisation. Une bonne partie de nos difficultés découlait donc du fait que, pour une majorité d'entre nous, la logistique sous-jacente à l'organisation d'un congrès digne de ce nom demeurait une préoccupation bien secondaire.

Heureusement, notre comité réunissait tout de même quelques personnes expérimentées. Je pense au maire de Saint-Marc-sur-Richelieu, Frédéric Trépanier, et au maire de Mirabel, Hubert Meilleur. Ce dernier avait commencé à assister à nos réunions, mais il n'était pas encore impliqué à fond dans le parti. À partir de ce moment, nous nous sommes dit qu'il fallait trouver une solution pour donner un peu de lustre à ce congrès. Au fond, ce que nous recherchions était assez simple: une personne capable de s'assurer que nous aurions une salle remplie, mais remplie de gens qui travaillent.

En attendant, les rangs de l'équipe grossissaient tranquillement. Notre groupe comprenait environ 30 personnes quand nous avons réussi à obtenir les 1000 signatures requises par le directeur général des élections pour constituer un parti politique en bonne et due forme. Nos premiers milliers de dollars avaient été faciles à récolter, parce qu'ils provenaient de notre entourage immédiat, mais le reste ne coulait pas de source. L'étape suivante consistait à convaincre un grand nombre de personnes de venir passer deux jours au Centre des congrès de Laval pour participer à la fondation de l'Action démocratique du Québec. Il fallait aussi les amener à débourser les 60 $ que coûtait l'inscription.

Le responsable de l'organisation de ce congrès était un ami personnel de Jean Allaire, mais ce dernier s'était rapidement rendu compte que la marchandise ne serait pas livrée. Jean Allaire et Mario Dumont ont donc décidé de réunir un conseil d'administration – dont je ne faisais pas partie – qui existait depuis la naissance du groupe Action Québec. Ce conseil décidait de tout ce qui se faisait à l'ADQ sur le plan financier. À la suite de cette réunion, Moncef Guitouni, Mario Dumont et Jean Allaire sont venus me rencontrer. Ils m'ont demandé si j'étais disposé à m'impliquer davantage au sein du parti. En d'autres termes, ils souhaitaient que je devienne un employé à temps plein de l'ADQ dès le mois de janvier et que je sois responsable de l'organisation du congrès de fondation.

J'ai accepté, même si on ne me promettait que peu d'argent, de me consacrer entièrement au congrès de fondation de l'Action démocratique du Québec, quitte à me débrouiller avec les moyens du bord. De toute façon, il s'agissait pour moi d'un contrat devant prendre fin en mars 1994, au lendemain du congrès en question. L'expérience s'est avérée enrichissante et les résultats ont été plutôt surprenants. En politique, n'est-ce pas ce qui compte le plus, les résultats?

À la grande surprise des médias, et à notre grande satisfaction, le congrès de fondation des 5 et 6 mars 1994 a réuni plus de 600 personnes. C'est du moins ce qu'ont titré les journaux alors. Cependant, seulement les deux tiers des congressistes avaient véritablement déboursé les 60 $ nécessaires à leur inscription. Pour les autres, il nous avait fallu dénicher des donateurs. Il était fréquent qu'une personne verse 120 $, et paie ainsi les frais d'inscription d'un autre congressiste. D'autres donateurs avaient allongé des sommes pouvant atteindre 600 $ et couvraient ainsi le coût de participation de 10 personnes.

En général, les journalistes se sont montrés surpris par l'allure de notre congrès. Plusieurs ont montré leur étonnement parce que les gens fréquentaient les ateliers avec assiduité au lieu de se regrouper dans les corridors. Outre la confirmation de Jean Allaire au poste de chef et de Mario Dumont comme président du parti, les grands débats ont tourné autour des priorités et des grandes lignes de notre programme politique. Sur le plancher, une proposition dite du contrat social, émise par l'exécutif du parti et défendue par Moncef Guitouni, est aussi devenue une source de préoccupation pour nous. Selon cette proposition, les immigrants qui profitaient de l'aide gouvernementale québécoise – comme la francisation ou l'assurance-maladie – auraient eu à signer une espèce de contrat social. S'ils décidaient de retourner vivre dans leur pays d'origine ou d'aller s'installer dans une autre province canadienne à l'intérieur d'un délai précis, les immigrants devaient rendre à l'État québécois les sommes qu'il aurait déboursé pour eux.

Sur le fond, cette idée n'était pas mauvaise, mais la façon dont elle a été mise sur le tapis a prêté à confusion, ce qui a provoqué l'un des gros débats de ce congrès.

L'autre débat d'importance a concerné l'ordre des priorités de l'Action démocratique du Québec: redressement-souveraineté-partenariat. Le programme du parti, intitulé *Un Québec responsable*, se lisait comme suit:

> Dans son premier mandat, l'ADQ propose un plan d'action global, rassembleur et porteur d'avenir, un plan national de redressement.
>
> Premièrement, un gouvernement de l'ADQ engagera un rigoureux plan de redressement qui comprendra un assainissement des finances publiques, un coup de barre radical du côté de la relance économique et une réforme de nos processus démocratiques.
>
> Deuxièmement, une démarche démocratique d'unification sera amorcée en vue d'aboutir à une constitution québécoise garante de la liberté des citoyens et de l'unité du peuple.
>
> Troisièmement, pour reconquérir les pouvoirs essentiels au développement du Québec et obtenir le déblocage tant attendu de l'impasse constitutionnelle, un gouvernement de l'ADQ tiendra un référendum sur la souveraineté, en proposant une nouvelle union au reste du Canada, dans un esprit d'ouverture et de coopération. Le parti tiendra ce référendum après avoir informé la population des tenants et des aboutissants au meilleur de sa connaissance.

Fallait-il parler de souveraineté ou se contenter d'un concept plus proche de ce que mettait de l'avant le rapport Allaire? Cette question m'avait amené à ouvrir un débat passionné à l'interne, et je commençais à me sentir seul à force de travailler avec d'anciens libéraux qui répugnaient à l'idée même de parler de souveraineté. Pour eux, souveraineté était synonyme de Parti Québécois. Et le PQ, par définition, leur donnait de l'urticaire.

La plupart des gens qui faisaient partie du noyau de l'Action démocratique du Québec avaient été initiés à la vie politique au sein du Parti libéral du Québec, qui est diamétralement opposé au Parti Québécois en ce qui a trait à la conception du militantisme et du travail bénévole. Nos affinités étaient donc plus difficiles à dénicher. Ces anciens libéraux se retrouvaient à côté d'un souverainiste qui les fatiguait, mais de compromis en compromis, nous en sommes venus à articuler notre programme autour du redressement, de la souveraineté et du partenariat.

Au lendemain du congrès de fondation, l'ADQ atteignait de modestes sommets d'appui au sein de la population. Les sondages indiquaient que 3 % ou 4 % des Québécois croyaient à notre formation politique. Quelques semaines plus tard, une nouvelle inattendue venait cependant secouer le parti.

À cause de ses problèmes de santé, Jean Allaire avait sagement décidé d'écouter ses médecins, qui lui conseillaient de prendre ses distances par rapport à la politique. Ce n'était guère surprenant, car il n'était pas animé d'un enthousiasme débordant quand il avait accepté de devenir chef de l'ADQ. En avril 1994, M. Allaire a annoncé son départ prochain à un groupe restreint de collaborateurs, et il était clair dans l'esprit de chacun que cet événement allait déstabiliser notre formation politique naissante.

Nous nous sommes réunis pour étudier la question. Autour de la table se retrouvaient Michel Lalonde (membre du conseil d'administration et président de la commission des communications du parti), Jacques Gauthier (président de la commission politique), ainsi que Claude Carignan (jeune avocat), Moncef Guitouni, Mario Dumont et quelques autres. Le problème qui se posait à nous était le suivant: Comment gère-t-on la crise du départ d'un chef qui vient d'être élu? Il faut se rappeler que Jean Allaire jouissait d'une bonne crédibilité auprès de la population et que les événements qui avaient précédé son départ du Parti libéral, en compagnie de Mario Dumont, lui avaient donné une grande notoriété.

Après quelques heures de discussion, il a été résolu de couler l'information à un journaliste de *La Presse* en poste à Québec, par l'entremise de Michel Lalonde. Le journaliste choisi était le courriériste parlementaire Denis Lessard. L'information qui lui a été refilée indiquait que Jean Allaire éprouvait des problèmes de santé importants qui le forceraient probablement à quitter la scène politique. L'article a paru le 28 avril.

Pour ma part, l'exécutif m'a demandé de demeurer à l'ADQ, dotée depuis peu d'un siège social et d'une meilleure structure. On m'a proposé de prendre la direction de l'organisation de façon permanente, ce que j'ai accepté après quelques jours de réflexion. L'une de mes premières tâches, au lendemain de cette nomination, a été de préparer l'annonce officielle du départ de Jean Allaire.

Comme nous disposions de peu de moyens de communication et que nous n'avions pas de budget de publicité, avec l'assentiment de Jean Allaire, nous avons décidé d'orchestrer un événement médiatique au sujet du «triste» départ de notre chef. Sans avoir l'air d'exploiter l'état de santé de ce dernier, nous pouvions sans difficulté soutenir qu'il était d'intérêt public d'expliquer que le chef de notre nouveau parti devait quitter son poste pour des raisons de santé. L'annonce de cette nouvelle fut faite au Loews Le Concorde, à Québec. Pendant plusieurs jours avant la conférence de presse, nous avons pris la peine de cacher Jean Allaire, histoire de le mettre à l'abri des médias.

Pendant ce temps, nous avons donc fait parler de nous dans les journaux et les médias électroniques, avec des titres du genre «Que devient Jean Allaire?», «Où est Jean Allaire?» ou encore «Jean Allaire est-il mourant?» Non, justement, Jean Allaire n'était pas mourant. Mais il fallait faire en sorte de lui donner des allures d'homme malade pendant la conférence de presse, ne serait-ce que pour empêcher toute conjecture quant aux raisons de son départ. Nous avons monté une belle mise en scène en réquisitionnant de gros fauteuils mous. Accompagné de sa femme, bien écrasé, Jean Allaire allait ainsi, à coup sûr, avoir l'air affaissé et fatigué en annonçant son départ.

Une fois le moment de l'annonce arrivé, ému, le chef démissionnaire n'a pu retenir quelques larmes. Une meute de journalistes s'était déplacée pour immortaliser l'événement, ce qui a procuré à l'ADQ une place de choix dans tous les bulletins de nouvelles. La sortie de Jean Allaire fut des plus réussies, et nous étions parvenus à nous en servir pour obtenir plus de visibilité et accroître la notoriété de l'ADQ.

Il faut dire que M. Allaire, bien involontairement, a failli démolir notre plan de communication après cette conférence de presse. Acquiesçant à la demande d'une équipe de télévision qui souhaitait prendre quelques images à l'extérieur, M. Allaire est sorti pour faire une petite marche de santé sur les Plaines d'Abraham. Sans doute emporté par un élan d'orgueil, il marchait d'un pas si rapide que le journaliste et le caméraman, essoufflés, avaient de la difficulté à le suivre. Heureusement, personne n'a noté ce drôle d'épisode.

Cette opération terminée, il nous restait une autre importante étape à franchir, puisqu'il fallait absolument dénicher un autre chef. Il serait juste de dire que nous avons travaillé très fort là-dessus, mais que les candidats valables ne couraient pas les rues.

À cette période, l'idée que nous pouvions construire quelque chose de gros et de concret avec l'ADQ m'effleurait souvent l'esprit. Heureux d'avoir contribué à faire de l'ADQ une nouvelle formation souverainiste, il m'arrivait, dans des moments d'euphorie, de croire que tous les insatisfaits du Parti libéral et tous les insatisfaits du fédéralisme qui croyaient à la neutralité, à l'objectivité et à la clairvoyance de Jean Allaire ou de Mario Dumont étaient devenus souverainistes. Après tout, une partie de la population nous appuyait et la souveraineté faisait partie intégrante de notre programme.

Le départ de Jean Allaire nous inquiétait donc beaucoup. Il fallait éviter de nous écraser et de devenir une formation

politique aussi marginale que le Parti vert ou le Parti de la loi
naturelle. Par l'entremise de Jean Allaire, de Mario Dumont
et d'autres collaborateurs, nous avons établi des relations
avec des candidats potentiels, des gens comme l'ex-ministre
libéral Yves Séguin, par exemple. Ce dernier, comme d'autres
candidats pressentis, montrait peu d'intérêt pour le poste.
On invoquait, à l'époque, le peu d'appuis de l'ADQ (à peine
4 % des intentions de vote dans les sondages) et son incapacité à répondre à des demandes financières élevées. Nous
avons également pris contact avec Michel Pagé, mais cet
ancien ministre libéral a lui aussi refusé la proposition. Il
était à l'époque président et chef de la direction de la pape-
tière Donohue. L'ex-premier ministre péquiste Pierre-Marc
Johnson a lui aussi décliné l'invitation de l'ADQ.

Bref, beaucoup de temps a été consacré, et perdu, à rencontrer des candidats potentiels qui refusaient systématique-
ment de se lancer dans l'aventure. Toutefois, pendant cette
période, je tentais secrètement de convaincre Mario Dumont
d'accepter la direction. Au début, il se montrait sceptique et
disait ne pas vouloir de ce poste. Mais je persistais à croire
qu'au fond, il était très tenté par cette perspective, parce qu'il
possédait un *ego* très fort. En fait, s'il refusait de devenir chef,
c'est parce que presque tout le monde lui déconseillait de le
faire.

Même son père et sa mère lui disaient d'oublier la direction du parti, et Jean Allaire était loin de le pousser dans
cette voie. Mario était très sensible aux conseils de ces derniers, surtout qu'on lui répétait sans cesse qu'il risquait de se
brûler politiquement. En tant que directeur de l'organisation, j'essayais de le convaincre de faire le saut. J'étais cependant le seul dans son entourage à tenir ce discours de façon
énergique. Le sort en fut jeté, en fin de compte, à l'occasion
d'une réunion d'une journée qui s'est déroulée à la marina de
Berthier. Ce jour-là, Mario et moi devions nous rendre
ensemble à Berthier, mais à ma grande surprise, il a changé
d'avis à la dernière minute et préféré la compagnie de gens

qui se prononçaient contre son accession au poste de chef. En fait, ces personnes l'avaient presque convaincu de ne pas se lancer.

À mon arrivée, j'ai tenté une dernière fois de faire tourner le vent, en arguant qu'il fallait défendre nos idées et faire avancer la cause. Toutefois, pour atteindre cet objectif, nous n'avions pas nécessairement besoin d'un chef de quarante ou cinquante ans, ai-je fait valoir, mais plutôt d'un chef crédible qui passait bien la rampe dans les médias et qui était connu. Or Mario répondait à ces critères puisque sa notoriété se comparait à celle de Jean Allaire.

«Avec ça, on peut faire un bon bout de chemin et, minimalement, aller chercher quelques sièges ou offrir une performance correcte aux prochaines élections», lui ai-je glissé à l'oreille.

À ce moment, nous estimions possible la tenue d'une élection générale en juin 1994. Le temps commençait à presser puisque nous étions déjà en mai. Contre toute attente, Mario s'est finalement rendu à mes arguments, et les membres de l'exécutif lui ont accordé par acclamation le titre de chef intérimaire. Ai-je exercé une grande influence sur cette décision? Lui seul le sait. Mais j'étais convaincu qu'il avait très envie, depuis longtemps, de régner sur l'ADQ.

Selon le scénario habituel, cet heureux dénouement s'est accompagné de nouveaux problèmes à résoudre. Plusieurs amis de longue date de Mario, dont ceux qui militaient avec lui depuis le PLQ, ne lui pardonnaient pas d'avoir accepté le poste de chef. Ce qui dérangeait le plus, c'était le fait qu'il avait suivi les conseils du souverainiste au lieu de se fier aux ex-libéraux. Petit à petit, donc, les sièges de l'exécutif étaient abandonnés, de même que les présidences des commissions politique, juridique et des communications. En somme, ce que les gens disaient à mots couverts, c'est que Dumont et Néron allaient se casser la gueule. Et pour eux, il n'était pas question de couler avec nous. Il s'agissait de ce genre de guerriers prêts à crier victoire quand on les mène à la victoire, mais qui ne font jamais grand-chose quand vient le temps de livrer un véritable combat, quel qu'il soit.

«Nous n'avons plus besoin de ces gens-là. S'ils nous quittent, nous les remplacerons, et c'est tout», ai-je dit à Mario. Et c'est exactement ce que nous avons fait.

Tourmenté par le départ de plusieurs de ses alliés de la première heure, Mario Dumont était aussi ambigu quant à l'orientation qu'il entendait donner à sa carrière politique naissante. Cette ambiguïté tenait à des sentiments personnels dont je ne connaissais pas l'origine et qui m'intriguaient au plus haut point.

«Mario, tu es maintenant le chef, il faut que tu te présentes aux élections et il faut que ça se fasse dans Rivière-du-Loup.»

Or le jeune chef était loin de partager mon opinion à ce sujet.

Personnellement, il me semblait tout à fait normal que Mario Dumont, un petit gars originaire de la région de Rivière-du-Loup, sollicite pour la première fois un siège à l'Assemblée nationale auprès des siens, auprès des gens qui l'avaient vu grandir.

Toutefois, il fut difficile de le convaincre de se présenter dans Rivière-du-Loup. En fait, Mario n'avait jamais apprécié Rivière-du-Loup, qu'il regardait un peu de haut et qu'il méprisait, avec ses yeux de Montréalais d'adoption.

Je ne sais trop s'il s'agissait d'une crise d'adolescence passée sur le tard, mais il a souvent dit que Rivière-du-Loup ne l'intéressait pas parce que c'était trop petit. Il qualifiait même la ville de Québec de petit village, et ce, même après avoir été élu. Rivière-du-Loup étant plus petite que Québec, on peut facilement comprendre le mépris que Mario avait pour sa région d'origine.

À l'époque, Mario habitait rue Saint-Denis depuis quatre ou cinq ans, et le convaincre de briguer les suffrages dans Rivière-du-Loup s'est révélé encore plus difficile que de l'amener à se présenter à la tête de l'ADQ. Pour devenir chef, il avait cédé plus vite parce qu'il avait envie de la caméra. Mario Dumont a un petit côté très glamour qui l'incline toujours à se porter à l'avant-scène et à donner des entrevues à la télé.

Pour se faire élire, il avait envisagé deux circonscriptions: Anjou ou Bourget. J'avais beau lui expliquer qu'il avait très peu de chances de se faire élire dans l'une ou l'autre de ces circonscriptions, il ne voulait rien entendre. C'était pourtant simple, il nous était impossible de créer un sentiment d'appartenance dans ces circonscriptions.

Premièrement, Mario habitait alors la circonscription de Gouin. Et deuxièmement, les Montréalais n'éprouvent presque plus de sentiment d'appartenance par rapport à leur quartier ni *a fortiori* par rapport à leur circonscription électorale provinciale. Ils peuvent traverser la ville du nord au sud, par la rue Papineau par exemple, sans jamais savoir qu'ils se trouvent dans telle ou telle circonscription électorale. Je voyais donc mal comment on pouvait faire élire Mario Dumont dans une circonscription comme Bourget, contre un homme tel que Camille Laurin, ou dans Anjou, peu importe contre qui. Même s'il se présentait comme un garçon aux idées novatrices, brillant et fonceur, ses chances d'être élu étaient à mon sens très réduites. De plus, nous n'avions pas les moyens de faire plusieurs sondages; il était dès lors assez complexe d'opérer un tel choix.

Cette période de réflexion et de débats prend place en mai 1994. L'élection s'en vient à grands pas, et l'entourage immédiat de Mario l'encourage à se présenter dans une circonscription montréalaise. Les quelques amis de Mario qui sont restés à nos côtés, et son père en particulier, lui disent qu'il n'est pas question qu'il se présente dans Rivière-du-Loup. En fin de compte, pour le convaincre de la nécessité de briguer les suffrages dans sa région natale, il aura fallu solliciter l'aide de certains membres de l'entourage de Mario. Du reste, je me disais que je ne pouvais pas agir de la même façon qu'au moment de le convaincre d'accepter la direction du parti. Avec Claude Carignan et quelques autres, j'ai fait valoir qu'au fond, il ne pouvait pas faire autrement que de se présenter dans Rivière-du-Loup.

Pour donner du poids à cette affirmation, j'évoquais les exemples de Brian Mulroney et de Jean Chrétien. Je lui ai fait remarquer que ce n'était pas nécessairement parce qu'il aimait cette ville que l'ex-premier ministre du Canada s'était présenté dans Baie-Comeau, mais plutôt parce qu'il avait choisi de jouer la carte du «p'tit gars de Baie-Comeau». Toute comparaison étant relative, il était clair que Mario devait suivre cet exemple.

Il lui a fallu du temps avant de prendre sa décision. Il avait l'habitude de retarder les choses, c'était en quelque sorte son petit côté Robert Bourassa. Toujours est-il que ce n'est qu'à la fin du printemps 1994, sans préparation aucune et après que les événements se furent précipités, qu'il a finalement opté pour Rivière-du-Loup, au terme d'une de nos nombreuses conversations. À l'époque, nous ne grimpions pas nécessairement dans les sondages, mais nos préparatifs en vue des élections prévues pour le mois de septembre allaient bon train.

Pour annoncer la candidature de Mario Dumont dans Rivière-du-Loup, j'ai payé de ma poche une petite salle de motel que nous avons réservée pour tenir une conférence de presse.

C'est en présence d'une vingtaine de parents et d'amis que le chef de l'Action démocratique a annoncé son intention de se porter candidat dans Rivière-du-Loup. Heureusement, les journalistes qui couvraient l'événement ignoraient qu'il s'agissait essentiellement d'une réunion familiale. Chose certaine, c'était loin d'être une assemblée importante.

Peu après, nous avons formé un exécutif et j'ai entrepris une visite de la circonscription. Sans en avoir parlé à personne, j'ai fait du porte-à-porte en me faisant passer pour le représentant d'une maison de sondages. Je demandais aux gens ce qu'ils pensaient de la politique et j'enchaînais avec des questions bien banales, rattachées aux préoccupations de ce que j'aime appeler le «vrai monde». En glissant le nom de Mario Dumont dans la conversation, j'ai découvert que l'aspect «p'tit gars de chez nous» suscitait un écho chez plusieurs, ce qui était l'effet que nous recherchions. Après tout, on pouvait facilement situer le «p'tit gars» de Rivière-du-Loup, «Super Mario», comme certains l'avaient surnommé, dans la lignée des politiciens que les Québécois ont toujours appréciés. Je n'innovais pas et, j'en étais conscient, je me raccrochais à quelque chose qui avait marché dans le cas de Jean Chrétien et de Brian Mulroney.

Au Québec, chaque fois que la carte du «p'tit gars du coin» avait été jouée par un politicien ayant un peu d'envergure et de notoriété, cela avait toujours fonctionné. Pourquoi n'en aurait-il pas été ainsi à Rivière-du-Loup?

La situation était en fait différente, car dans le cas de Mario Dumont, il nous fallait dénicher des militants autres que les oncles, tantes, parents et amis qui avaient assisté à la conférence de presse. Nous n'avions aucune base à Rivière-du-Loup; tous ceux qui avaient contribué à la préparation de la conférence de presse étaient montréalais. Nous nous trouvions donc dans une situation assez particulière, mais nous n'avions pas le choix.

Pour les autres circonscriptions du Québec, nous avions réussi à recruter des candidats d'un certain calibre. Je pense surtout à la circonscription d'Argenteuil, où nous misions sur le maire de Mirabel, Hubert Meilleur, ce qui n'était pas rien. Dans d'autres circonscriptions, nous étions représentés par des gens reconnus soit pour leur militantisme politique, leur engagement social ou leur rôle dans le milieu des affaires. Dans la circonscription agricole de Champlain, nous avions réussi à convaincre Norman Houle, un jeune fonctionnaire du ministère de l'Agriculture du Québec, de porter nos couleurs. Il était un personnage en vue dans la région. Ailleurs, nous présentions aux électeurs des élus municipaux ou des personnes assez crédibles, ce qui nous incitait à croire qu'il était possible d'aller chercher cinq sièges aux élections.

Pour cette première élection générale, nous avions décidé de présenter des candidats dans seulement 80 circonscriptions. En fait, il était déjà beau d'avoir pu réunir 80 candidats. Si nous avions voulu plus de «candidats poteaux», nous aurions sans doute pu nous rendre à 125, mais nous comptions déjà trop de «poteaux» parmi les 80 personnes que nous avions choisies. Il n'était pas rare que nos candidats n'habitent même pas dans la circonscription où ils sollicitaient le vote des électeurs. Nous les avions recrutés simplement afin de pouvoir inscrire un nom sur le bulletin de vote. Si nous avions décidé de ne pas présenter 125 candidats, c'était également pour avoir l'air plus sérieux. Avec 80 candidats, notre crédibilité était sauve, et on ne pouvait pas nous accuser d'avoir affiché des visages sur les poteaux de toutes les circonscriptions pour sauver les apparences. Nous pouvions donc plus facilement présenter nos candidats comme des gens valables.

Quelques semaines plus tard, nous nous sommes retrouvés en pleine campagne électorale avec à peu près rien, et surtout presque pas d'argent. Nous avions cependant de bonnes idées, un peu de notoriété et un chef qui avait de la gueule en la personne de Mario Dumont. La stratégie que nous avons adoptée était celle de la campagne satellite.

«Il n'est pas question que tu te lances dans une tournée du Québec», ai-je dit à Mario.

Je préférais qu'il passe l'essentiel de son temps à Rivière-du-Loup, quitte à faire de temps à autre un saut rapide à Québec, à Montréal ou en région, histoire de soigner son image médiatique ou de livrer un message intéressant et percutant.

Curieusement, c'est une rencontre, au début de la campagne, avec deux bonzes du bureau du directeur général des élections (DGE) qui nous aura permis de faire parler de l'ADQ pendant une bonne partie de la période électorale. Avec Claude Carignan, qui était devenu président de notre commission juridique, nous étions en train de réviser toutes les règles électorales lorsqu'une interprétation des deux collaborateurs du DGE de l'article 423 de la Loi électorale du Québec m'a accroché. Selon eux, il nous était possible de demander la participation de Mario Dumont au débat des chefs, parce que nous formions un parti représenté à l'Assemblée nationale. En effet, l'ex-député libéral d'Iberville, Yvon Lafrance, était devenu le premier député de l'ADQ. Sur le fond, je trouvais cette argumentation tout à fait farfelue, puis, après discussion, une idée bien précise a commencé à germer dans mon esprit.

Dans les heures suivantes, accompagné de Claude Carignan, j'ai fait part de mon idée à Mario Dumont, qui l'a trouvée intéressante. Sûr que les deux partis traditionnels s'opposeraient à la participation de Mario, j'ai proposé de lancer un ballon d'essai et de demander publiquement que Mario Dumont, jeune candidat, chef d'une jeune formation politique et représentant une bonne partie de la population, puisse participer au débat des chefs.

Notre message ne consistait pas à dire que nous allions prendre part au débat, mais plutôt à dénoncer le fait qu'on voulait nous en empêcher. Avec toutes les réactions que nous pouvions susciter en participant à des émissions radiophoniques comme celle de Gilles Proulx et plusieurs autres, j'estimais que nous nous retrouverions encore une fois à l'avant-scène et que nous pourrions profiter de ces tribunes pour faire connaître l'ADQ.

Une fois Mario Dumont convaincu de la pertinence de cette approche, la suite du plan coulait de source. Avant d'alerter les médias à ce sujet, il fallait entreprendre des démarches auprès du Parti libéral et du Parti Québécois. J'ai donc pris contact avec Pierre Anctil, directeur général du Parti libéral, avec Pierre Boileau, directeur général du Parti Québécois, et avec Jean Royer, chef de cabinet de Jacques Parizeau. Le jour des premiers appels, je me suis arrangé pour ne pas leur laisser le temps de communiquer entre eux. La stratégie était de leur donner à entendre que nous avions l'intention d'être du débat des chefs.

À Pierre Anctil, je n'ai pas manqué de souligner qu'il serait étonnant que le PQ refuse une démarche aussi ouverte et démocratique que celle-là. En effet, outre les articles de loi sur lesquels les représentants du DGE nous avaient conseillé de nous appuyer, le programme du Parti Québécois prônait une politique d'ouverture et considérait que le bipartisme n'était pas une bonne formule pour le Québec. Bref, les péquistes soutenaient qu'il fallait laisser la place au plus grand nombre possible de formations politiques au Québec.

«Vous aurez à vivre avec l'odieux de la situation si on ne nous permet pas de participer au débat», ai-je déclaré au représentant libéral.

Quant à l'entretien avec les gens du Parti Québécois, il a été des plus intéressants. Bien sûr, ils ne se disaient pas fermés à cette idée, mais ils se sont montrés très surpris et ont semblé mal à l'aise, ne sachant trop que dire. Il leur était en effet difficile de désavouer des points de leur propre programme. D'ailleurs, ai-je expliqué, les libéraux consentiraient probablement à la participation de Mario, histoire de ne pas avoir l'air de gens qui craignent un ex-membre de leur commission jeunesse.

«Les libéraux se retrouvent dans une position très inconfortable. Acceptez publiquement notre présence au débat et laissez-leur l'odieux de refuser notre participation s'ils ont l'intention d'agir ainsi», ai-je proposé.

Bref, nous tentions de jouer sur les deux tableaux, mais il a bien fallu un jour communiquer avec les responsables du consortium constitué par Radio-Canada, TVA et Radio-Québec, qui assurait la retransmission du débat des chefs. Et ce qui devait arriver arriva: pour ces derniers, il était hors de question que nous participions à cet événement.

La première rencontre avec les dirigeants des chaînes de télévision s'est déroulée dans une drôle d'ambiance. Ils semblaient mal à l'aise et j'ai assez rapidement compris que les deux autres formations politiques exerçaient des pressions en coulisses pour nous écarter du débat. Le Parti Québécois et le

Parti libéral avaient ainsi fait en sorte que le refus vienne de la haute direction des médias. Pour nous, la chose n'avait rien de surprenant. D'ailleurs, connaissant les tactiques du milieu, nous avions prévu un tel scénario.

Informés de la tenue de ces réunions, des journalistes avaient pris l'habitude de nous attendre à la sortie. Nous saisissions ces occasions pour faire valoir notre point de vue. Pour ma part, j'ai été appelé à faire certaines déclarations sur la place publique.

Après de multiples tergiversations et rencontres, il était devenu évident que les deux autres formations ne voulaient pas nous donner la visibilité dont nous avions besoin, mais nous en avions déjà beaucoup plus que nous le pensions. Les dés furent jetés aussitôt que le consortium eut officialisé sa décision d'écarter l'ADQ du débat. Les gens ont tendance à se ranger du côté des négligés, et en ce sens, la situation nous servait à merveille. Je me souviens, entre autres, d'une entrevue accordée à l'émission animée par Gilles Proulx, sur les ondes d'une station radiophonique montréalaise.

Cet animateur-vedette, doté d'un grand sens de la démocratie, ne craint pas de donner son opinion. Il sait toutefois respecter celle des autres, même s'il a la réputation de ne pas avoir la langue dans sa poche. Rien n'est fade avec ce communicateur dynamique que craignent la plupart des politiciens.

«Pour vous, monsieur Proulx, qui êtes un grand démocrate, il est sûrement impensable que les vieilles formations politiques empêchent un jeune parti, un jeune chef, de participer à un débat», lui avais-je dit en ondes.

En martelant l'idée que «la démocratie doit primer» et en insistant sur l'injustice commise à l'endroit de Mario Dumont, nous gagnions le soutien d'un nombre grandissant de citoyens. Même l'animateur penchait pour nous.

De fil en aiguille, un vent de sympathie s'est mis à souffler. Nous simplifiions les choses au point que les gens trouvaient tellement anormal que nous ne soyons pas invités à participer au débat qu'ils téléphonaient à nos bureaux pour nous dire de ne pas lâcher.

«Qu'on adhère ou non à vos politiques n'est pas ce qui importe. Vous avez le droit de participer et nous sommes d'accord pour qu'on vous fasse une place au débat», disaient les messages d'encouragement.

J'en ai même remis, au cours d'une entrevue, en invitant Gilles Proulx à venir installer un troisième fauteuil dans le studio de télévision.

«Ce n'est pas compliqué, un débat télévisé. On ajoute un troisième fauteuil et c'est réglé», ai-je argumenté.

Notre succès était tel que les sondages des tribunes téléphoniques nous étaient largement favorables.

Nous avions donc le vent dans les voiles, mais pour que notre histoire continue d'occuper la scène médiatique, il fallait poursuivre et porter notre cause devant les tribunaux. Mes recommandations à Mario Dumont et au comité électoral allaient en ce sens, mais plusieurs s'opposaient à une telle démarche à cause des frais importants qu'elle était susceptible d'entraîner.

«Ayons recours aux services de Claude Carignan. Ça nous coûtera 5 000 $, 10 000 $ ou 15 000 $, mais arrangeons-nous pour que la facture soit la moins élevée possible tout en continuant de profiter de la visibilité que nous donne l'affaire», ai-je fait valoir.

Nous avons donc engagé une procédure afin d'obtenir la permission de participer au débat. Je me suis par la suite retrouvé à la cour en compagnie de Claude Carignan. Ce dernier avait monté un dossier solide et je l'assistais puisque je connaissais l'historique du litige sur le bout des doigts. Encore une fois, l'affaire a attiré un grand nombre de reporters et de caméras. En face de nous se dressait toutefois une impressionnante batterie d'avocats.

Nos vis-à-vis étaient pour le moins coriaces, et ils avaient retenu les services d'excellents avocats. Les médias étaient représentés, entre autres, par Me Blanchard, et Daniel

Johnson, par Me Jeansonne, le même qui, plus tard, participera à la défense de Brian Mulroney dans l'affaire Airbus. Et défendant les intérêts de Jacques Parizeau, on reconnaissait un avocat de la firme Martineau et Walker, Me Forest. Ce dernier représentera le gouvernement québécois dans la cause l'opposant à Guy Bertrand qui, dans les mois précédant le référendum de 1995, on s'en souviendra, souhaitait empêcher la tenue de cette consultation.

Nous n'étions que deux pour défendre l'ADQ tandis que, de l'autre côté, défilaient de nombreux avocats, leurs adjoints et plusieurs recherchistes chargés de boîtes remplies de documents. Les auditions ont duré quelques jours. Nos chances d'obtenir gain de cause s'amincissaient à vue d'œil, mais nous nous disions qu'à elle seule, la grande attention médiatique dont nous bénéficiions valait bien tous les tracas que cette cause nous apportait.

À l'issue des auditions, Claude Carignan a prononcé un bon plaidoyer. Le juge a mis fin aux travaux en annonçant qu'il serait en mesure de rendre sa décision dans un bref délai. Peu après, il donnait raison aux avocats de MM. Parizeau, Johnson, du DGE et du consortium de la télévision. Nous disposions d'un certain nombre de jours pour interjeter appel. Même en sachant que nous serions déboutés et que nous nous frottions à une grosse machine, je soutenais qu'il fallait absolument poursuivre notre démarche. Crédibilité, visibilité et notoriété, voilà ce que nous recherchions. Nous avons donc fait appel du premier jugement.

En analysant froidement la chose, nous nous disions que notre action était l'équivalent d'une campagne publicitaire échelonnée sur plusieurs semaines et qui aurait normalement coûté des centaines de milliers de dollars. Nous ne pouvions évidemment pas nous payer le luxe d'une telle campagne publicitaire. Nous avions la chance de bénéficier de temps d'antenne à peu de frais et nous en profitions pour parler de l'ADQ, de son programme et des choses que nous voulions changer.

Au cours des procédures d'appel, coup de théâtre: les avocats de la partie adverse ont décidé de faire front commun et de confier le plaidoyer à Me Gérald Tremblay, celui qui a plus tard été chargé de diriger l'équipe de défense de Brian Mulroney dans l'affaire Airbus. Pour ceux qui sont peu au fait de l'actualité judiciaire, soulignons simplement que Me Tremblay est un avocat très connu et un plaideur hors pair. En résumé, disons que les arguments apportés au juge ont fait en sorte que l'affaire se règle très rapidement. D'un point de vue juridique, mais aussi en tant que spectacle, la scène était impressionnante. On nous opposait la crème des avocats mais, malgré cela, tout le monde était inquiet. Si nous avions obtenu gain de cause, notre participation au débat aurait été catastrophique pour les deux autres formations politiques, du fait que nous n'avions absolument rien à perdre. On pouvait saliver en imaginant Mario Dumont dans un débat avec Jacques Parizeau et Daniel Johnson. Je l'imaginais en train de les placer sur la défensive alors qu'eux ne pouvaient l'attaquer sur quoi que ce soit. Mario n'était pas vulnérable, parce que sa feuille de route politique se résumait à son départ du Parti libéral pour former un autre parti. Certes, il était inexpérimenté, mais il était tout à fait capable de tenir son bout.

En fin de compte, nous avons perdu notre cause devant les tribunaux, mais quel bout de chemin avons-nous réussi à parcourir! Notre campagne, depuis le début, se déroulait à merveille, mis à part l'affaire Moncef Guitouni, qui nous était tombée sur la tête au mois d'août.

L'émission *Le Point* fouillait dans la vie de Moncef Guitouni depuis un certain temps et d'autres journalistes commençaient à nous informer que ce membre fondateur du parti (il était aussi le président de l'ADQ) et candidat dans Marie-Victorin était peut-être à la tête d'un mouvement ou d'un centre de développement de la personne un peu particulier. En tout cas, l'affaire ne brillait pas par sa clarté.

Le 17 août 1994, *Le Point* a diffusé un reportage dans lequel on affirmait que Moncef Guitouni, psychothérapeute de profession, exerçait une influence néfaste sur certains de ses patients. Radio-Canada soutenait aussi que des plaintes le concernant avaient été déposées auprès de la Corporation des psychologues du Québec, et même à Info-Secte. L'affaire a été fortement médiatisée, la plupart des quotidiens ayant pris le relais du *Point* après la diffusion du reportage.

Il nous a donc fallu gérer cette petite crise, qui nous a encore donné de la visibilité, quoique cette fois nous nous en serions bien passés. J'ai recommandé à Mario d'agir promptement pour montrer que, malgré son jeune âge, il était capable de faire preuve de fermeté. Nous avons donc demandé à Moncef Guitouni de se retirer jusqu'à ce que la lumière soit faite sur ces allégations. Devant son refus partiel, nous n'avons eu d'autre choix que de couper les ponts avec lui, tout en lui signifiant qu'il n'était plus le candidat de l'ADQ dans la circonscription qui lui avait été attribuée. Finalement, ce ne sera qu'à l'été 1997 que nous apprendrons que M. Guitouni avait été victime de fausses allégations de la part des journalistes.

En janvier 1998, Mario Dumont a étonné beaucoup de monde en présentant des excuses publiques à Moncef Guitouni et en reconnaissant avoir agi trop rapidement dans cette affaire, en conséquence de quoi Guitouni a abandonné la poursuite de 50 000 $ qu'il avait intentée contre l'ADQ. Pourtant, les procès-verbaux de l'exécutif de l'ADQ indiquent que nous avons agi correctement à l'endroit du président du parti. Nous lui avions demandé de s'expliquer, ce qu'il avait refusé de faire. Nous lui avions par la suite enjoint de se retirer de ses activités à l'ADQ, le temps que les allégations soient tirées au clair. Moncef Guitouni avait accepté de laisser la présidence du parti, mais refusé de se désister comme candidat. Devant cette impasse, l'ADQ n'avait eu d'autre choix que d'agir comme elle l'a fait.

Pour en revenir aux aspects positifs de la campagne de 1994, on ne peut passer sous silence l'engouement créé à

Rivière-du-Loup autour du phénomène Mario Dumont. Pendant que notre jeune chef faisait campagne dans différentes circonscriptions, nous avions presque établi une permanence nationale dans Rivière-du-Loup. Localement, nous avions réussi à former un exécutif provisoire et, en deux semaines, plus de 1000 personnes possédaient leur carte du parti. Il y avait donc un enthousiasme assez évident sur le terrain, et nous avions décidé de commander un sondage Léger et Léger pour mieux évaluer les chances d'élection de Mario Dumont.

À notre grande surprise, les résultats de ce sondage étaient loin de correspondre aux résultats de l'embryon de pointage que nous avions en main. Réalisé entre le 12 et le 14 août, le sondage Léger et Léger donnait Mario Dumont troisième, avec 24,9 % des intentions de vote, derrière le candidat du Parti libéral, qui, lui, récoltait 30,3 % des intentions de vote. Le candidat du PQ tenait la première place, avec 44,8 % des intentions de vote.

Remettant en question ces résultats, nous avons fait affaire avec André Sténeault, qui occupait le poste de vice-président chez Léger et Léger. J'avais aussi eu l'occasion de signaler à Jean-Marc Léger que je trouvais les résultats de ce sondage plutôt «bizarres».

«Même si nous n'avons pas effectué un pointage complet sur le terrain, je fais de la politique depuis assez longtemps pour savoir que le pointage effectué de porte en porte est plus valable que le sondage téléphonique», lui avais-je mentionné.

Bref, j'avais dit à Jean-Marc Léger que son sondage n'avait pas d'allure, et j'ai dit la même chose à André Sténeault. J'étais méfiant, et je me demandais surtout si une influence occulte n'était pas en train de s'exercer. L'analyse de Sténeault nous recommandait de faire passer le plus de temps possible à Mario à l'extérieur de Rivière-du-Loup, pour lui éviter de perdre la face.

«Qu'il aille chercher le meilleur résultat possible dans d'autres circonscriptions, mais s'il passe beaucoup de temps dans Rivière-du-Loup et qu'il est battu, il risque d'avoir l'air fou, et cela mettra fin à sa carrière politique», mentionnait en substance le rapport verbal de M. Sténeault.

C'était justement l'argument qu'avaient invoqué les membres de l'ADQ qui s'opposaient à ce que Mario Dumont se porte candidat dans Rivière-du-Loup. Quand Mario a pris connaissance des résultats du sondage Léger et Léger, il a voulu ficher le camp de Rivière-du-Loup. Lui qui était réticent depuis le début à briguer les suffrages dans son patelin, il disait avoir pris une mauvaise décision et s'en voulait de ne pas s'être présenté ailleurs.

J'avais dès lors une sacrée pente à remonter, d'autant plus qu'il me fallait le convaincre au contraire de militer davantage dans Rivière-du-Loup. Je devais lui faire comprendre que le sondage était merdique et que, de toute façon, nous n'avions rien à perdre. À mon avis, ce qu'il aurait à faire en cas de défaite, s'il croyait sa carrière terminée, ce serait d'aller étudier quelques années à Londres et de revenir après. Mais pour l'instant, il fallait absolument qu'il se concentre sur sa circonscription. Je l'ai finalement convaincu de passer trois ou quatre jours par semaine dans Rivière-du-Loup et de se promener ailleurs au Québec le reste du temps.

Décidément, les faits saillants furent nombreux pendant cette campagne. En outre, certains épisodes nous en ont beaucoup appris sur la rivalité qui existait déjà entre les deux chefs souverainistes, Jacques Parizeau et Lucien Bouchard. En fait, cette anecdote intéressera ceux qui s'interrogent sur la relation qui existait entre les deux hommes.

Au début de la campagne, j'ai reçu un appel téléphonique de François Leblanc, qui agissait à titre de conseiller spécial de Lucien Bouchard à Ottawa. Leblanc me demandait de le rencontrer dans un restaurant italien de la rue Bleury, près de la rue Sainte-Catherine.

«Écoute, on se connaît depuis longtemps. Alors je te le dis franchement, nous aimerions bien que Mario Dumont ne s'attaque pas à M. Bouchard pendant cette campagne-là. De notre côté, nous n'avons guère le choix, M. Bouchard doit faire campagne avec M. Parizeau. Donc, on aimerait bien conclure un pacte juste entre nous. On va s'entendre pour que Mario n'attaque pas M. Bouchard et qu'en retour, M. Bouchard ne fasse jamais allusion à Mario Dumont pendant la campagne.»

Cette proposition du représentant du Bloc Québécois m'a pris par surprise. Je trouvais hypocrite ce croc-en-jambe fait à un parti frère, le Parti Québécois. Par ailleurs, je ne pouvais pas me fier à François Leblanc, car il m'avait déjà raconté des choses qui semblaient claires au premier coup d'œil, mais qui avaient tourné autrement par la suite. Pour le dire franchement, comme plusieurs militants du PQ ayant déjà goûté à sa médecine, je lui mettais depuis longtemps une étiquette de «crosseur».

Vu les circonstances, j'ai décidé de faire monter les enchères. J'ai répondu à Leblanc de retourner voir Lucien Bouchard avec une demande bien précise. En gros, je répondais que nous étions bien d'accord sur le principe de ne pas attaquer Lucien Bouchard pendant la campagne électorale et que ce dernier nous rende la pareille. J'ajoutais cependant de fermes conditions à cet accord. Il n'était pas question que Lucien Bouchard vienne faire campagne dans Rivière-du-Loup ou dans les circonscriptions avoisinantes. Selon nos conditions, par exemple, Lucien Bouchard pouvait aller faire campagne en Gaspésie, mais pas dans le Bas-Saint-Laurent. De plus, nous ne voulions pas que M. Bouchard fasse campagne dans des circonscriptions comme Argenteuil, Champlain et Charlesbourg, car nous estimions avoir des chances d'y obtenir de bons résultats. En retour, nous nous engagions à ne pas attaquer Lucien Bouchard et à ne jamais parler de sa présence dans la campagne. Nous promettions de ne pas le dénigrer et de ne pas faire allusion aux députés du Bloc de quelque façon que ce soit.

«De plus, en ce qui concerne les circonscriptions d'Argenteuil, Champlain, Charlesbourg et Rivière-du-Loup, vous direz aux députés bloquistes de ne pas s'impliquer dans la campagne. Ils pourront intervenir à l'occasion dans une assemblée du Parti Québécois. Ça, on le veut bien. Mais ils ne devront jamais s'attaquer à Mario Dumont. S'ils ont des attaques à faire, c'est contre le candidat libéral qu'ils les dirigeront», avais-je ajouté.

De retour auprès de Mario Dumont, je lui ai dit qu'il fallait créer le plus large consensus possible dans Rivière-du-Loup et attendre la réponse de Lucien Bouchard. Cette réponse est venue deux ou trois jours plus tard, quand François Leblanc m'a rappelé pour me dire que ma contre-proposition avait été acceptée, que le pacte tenait et que d'aucune manière nous ne serions importunés par des interventions de Lucien Bouchard dans les circonscriptions mentionnées. À vrai dire, cette entente nous avantageait, car la force de Mario Dumont n'était pas comparable à celle de Lucien Bouchard.

La logique du Bloc était fort difficile à suivre. Je ne saisissais pas, à l'époque, l'objectif visé par Lucien Bouchard. Bien sûr, je comprenais qu'on voulait en passer une «p'tite vite» à Jacques Parizeau, mais je ne voyais pas pourquoi on ne voulait pas s'attaquer à Mario Dumont.

D'entrée de jeu, il était évident que Mario Dumont ne pouvait pas répliquer aux éventuelles attaques de M. Bouchard. En s'en prenant au chef du Bloc, Mario se serait cassé les dents, sans plus.

La seule explication plausible, à mes yeux, était la suivante: Jacques Parizeau se retrouvait encore plus seul si Mario Dumont évacuait Lucien Bouchard de ses discours. Par le fait même, la responsabilité d'un échec ou d'une victoire à plus faible pourcentage allait retomber sur Jacques Parizeau. Mais surtout, en ne s'attaquant pas à l'ADQ, Lucien Bouchard contribuait à diriger vers nous des votes de protestation qui ne reviendraient pas au PQ.

Personne au Bloc n'était content du résultat de l'élection fédérale de 1993. Les bloquistes s'attendaient à faire élire une soixantaine de députés et à recueillir un plus fort pourcentage de votes. Ils ont finalement récolté 49 % du suffrage, ce qui était déjà pas mal, quoique insuffisant à leurs yeux.

J'ai finalement compris que M. Bouchard ne voulait d'aucune manière que M. Parizeau obtienne un pourcentage des votes égal ou supérieur au sien. Il lui fallait donc aider le Parti Québécois, mais en faisant en sorte qu'il ne recueille pas plus de 49 % des votes. Si le PQ dépassait cette marque, Lucien Bouchard perdait une partie de son poids politique. Jacques Parizeau pouvait facilement se retourner et lui dire: «J'ai eu 51 % ou 52 % des votes au Québec alors que vous n'avez obtenu que 49 %.» Déjà à cette époque, il existait un rapport de force entre les deux hommes. Si l'on se rappelle le soir des élections, l'affaire a tourné à l'avantage de Lucien Bouchard, puisque le Parti Québécois a finalement accédé au pouvoir avec 44 % des voix.

Pour en revenir au fameux pacte, il a tenu pendant une bonne partie de la campagne. Toutefois, un beau jour, j'ai reçu un appel téléphonique de François Leblanc, qui était dans tous ses états. Il se trouvait à bord de l'avion qui ramenait Lucien Bouchard de la circonscription de Gaspé.

«Il y a un membre de l'ADQ qui a planté M. Bouchard dans une assemblée au cégep de Gaspé. Tu nous avais promis que nous étions pour ne jamais nous faire attaquer, que Mario Dumont ne ferait jamais aucune sortie contre nous. Mais voilà que tu envoies un militant attaquer Lucien Bouchard au cégep», s'était plaint François Leblanc.

Après vérification, nous avons appris que le militant qui avait apostrophé Lucien Bouchard était en fait un étudiant membre de notre exécutif dans la circonscription de Gaspé. Nous misions aussi sur un bon candidat dans ce coin du Québec, le directeur général de la ville de Percé. Selon nos informations, le militant en question avait interrogé M. Bouchard à propos de quelques dossiers locaux et le chef du Bloc n'avait pas été en mesure de répondre correctement.

Du reste, cela avait été une intervention tout à fait spontanée de la part de cet individu, qui était un peu plus âgé que la moyenne des autres étudiants et un peu plus politisé. Il avait apostrophé Lucien Bouchard, l'avait défié, et ça n'avait pas plu à l'intéressé. M. Bouchard déteste la contestation à tel point qu'en privé, il devient parfois agressif devant elle. La couverture médiatique de cet événement politique a été à peu près nulle, hormis peut-être dans un journal local.

Sur le coup, je n'ai pas compris pourquoi on attachait une telle importance à cet incident de toute évidence mineur. Bien sûr, il y avait des gens du Bloc qui attaquaient Mario Dumont à l'occasion. Il s'agissait de militants et de militantes, et nous ne nous en faisions pas outre mesure, d'autant plus que ce n'était même pas rapporté dans le journal local. Nous ne nous étions jamais plaints à ce sujet, et j'étais persuadé que le Bloc aussi avait vécu des épisodes similaires.

C'est seulement le lendemain que j'ai compris pourquoi François Leblanc m'avait contacté à ce sujet. Par voie de communiqué, Lucien Bouchard annonçait qu'il se présentait à une assemblée du PQ dans Rivière-du-Loup. Ce bris de notre entente a provoqué un conflit entre le Bloc et l'ADQ.

J'ai recommandé à Mario Dumont de dénoncer le fait que nous avions une entente et que les bloquistes ne l'avaient pas respectée. La réponse du Bloc est venue du chef de cabinet de Lucien Bouchard à l'époque, Gilbert Charland, qui niait totalement l'affaire. Je n'avais jamais parlé à ce type de ma vie. Nous avons tout de même continué d'affirmer que les bloquistes avaient brisé le pacte.

«Puisqu'ils n'ont pas respecté leur parole, nous ne respecterons pas la nôtre», ai-je déclaré à certains journalistes.

J'ai suggéré à Mario d'inviter Lucien Bouchard à un débat avec lui à la radio de Rivière-du-Loup, histoire de lui souhaiter la bienvenue dans le coin. La radio locale s'est tout de suite montrée intéressée par le projet, mais Lucien Bouchard s'est trouvé toutes sortes d'échappatoires. Nous avions fait un peu de tapage autour de son «bris de parole», et en vérité,

M. Bouchard aurait eu l'air fou s'il avait poussé l'audace jusqu'à un affrontement direct avec Mario.

Le chef du Bloc est quand même venu faire une visite à l'assemblée que le Parti Québécois avait organisée à Cacouna, le petit village natal de Mario Dumont. En fin de compte, la présence de Lucien Bouchard dans la région de Rivière-du-Loup s'est retournée contre lui. Tant sur les ondes des stations de radio locales que dans les journaux – et certains médias nationaux en ont même fait état –, on dénonçait le bris du pacte conclu entre le Bloc et l'ADQ. M. Bouchard s'est fait critiquer comme jamais par les électeurs de Rivière-du-Loup.

À cette époque précise, Guy Chevrette et Pauline Marois visitaient régulièrement Rivière-du-Loup depuis une semaine ou deux. Avec Mario, nous avons discuté de cette soudaine omniprésence péquiste dans la région. Les passages de Pauline Marois et de Guy Chevrette à Rivière-du-Loup, combinés à la venue prochaine de Lucien Bouchard, démontraient à mes yeux que le sondage de Léger et Léger était de la frime.

«En réalité, ce sont les péquistes qui sont en difficulté», avais-je lancé.

Il n'était donc pas question de ralentir, mais bien de redoubler d'ardeur. Lucien Bouchard ne débarquait pas à Rivière-du-Loup pour le seul plaisir d'appuyer un certain Harold Lebel, un personnage sans envergure qui s'était fait «planter» à l'élection précédente, et qui avait de l'importance pour le PQ uniquement dans la mesure où il pouvait nuire à Mario Dumont.

Ces arguments ont donné une espèce de coup de fouet à Mario Dumont, qui trouvait très logique que la présence de gros canons péquistes soit le symptôme de sérieuses difficultés du PQ dans Rivière-du-Loup. Très motivé, Mario est devenu meilleur que jamais à partir de ce moment-là. Notre campagne a aussi pris une autre dimension à la suite d'éditoriaux parus dans *Le Devoir*, *La Presse* et *Le Soleil*. Lise Bissonnette,

Pierre Gravel et Raymond Giroux convenaient tous les trois qu'il fallait du sang neuf à l'Assemblée nationale. En résumé, les éditorialistes disaient espérer que les gens de Rivière-du-Loup votent pour Mario Dumont afin de rompre la monotonie ou pour toutes sortes d'autres motifs, valables ou non selon le point de vue où l'on se plaçait.

Je m'étais empressé de faire environ 15 000 photocopies de ces trois éditoriaux et de les faire distribuer de porte en porte, ce qui était fort pénible, car nous avions vraiment peu de monde à notre disposition. Je me suis rendu à Rivière-du-Loup pour deux jours et j'ai participé à cette distribution, pour faire comprendre à tous ceux qui ne voulaient pas le faire à quel point il était important qu'on distribue ces articles de journaux.

Sur le terrain, on sentait un engouement pour notre candidat. Les jeunes de Rivière-du-Loup avaient même surnommé le chef de l'ADQ «Super Mario». Durant cette période, une équipe de télévision a suivi Mario Dumont dans sa circonscription pendant une journée complète. Même les caméramans n'en revenaient tout simplement pas de l'enthousiasme que Mario suscitait. Mais il nous fallait faire davantage pour l'emporter.

«Il nous faut un plan parallèle. C'est bien, les votes de sympathie, mais il faut trouver une façon de rallier des libéraux fédéraux, des conservateurs et des libéraux provinciaux», ai-je observé.

En fait, il n'a pas été difficile de mettre cette suggestion en pratique. Nous nous sommes rapidement appliqués à faire passer le message suivant: «Il faut battre Harold Lebel, il faut battre le Parti Québécois dans Rivière-du-Loup, il ne faut pas que Jacques Parizeau ait un député dans Rivière-du-Loup.»

Cette tactique s'est révélée tellement efficace que l'ex-député conservateur, André Plourde, qui avait été battu par le Bloc l'année précédente, a donné son appui à Mario. Son fils a même travaillé avec nous. Il est sûr qu'à ce moment-là, les gens ne se rappelaient pas exactement le contenu du programme de fondation de l'ADQ, dont les mots clés étaient redressement-souveraineté-partenariat. De toute façon, nous n'avions pas fait de la souveraineté un thème de campagne. Nos partisans fédéralistes se sentaient donc à l'aise. Parmi ceux qui s'étaient ralliés à l'objectif de battre le Parti Québécois dans Rivière-du-Loup, on trouvait l'ancien ministre libéral Albert Côté. Ce dernier avait secrètement téléphoné à Mario pour l'assurer de son vote, même si le candidat libéral, Jean D'Amour, était son ex-attaché politique. Nous ratissions donc très large et tous les espoirs étaient permis.

En fait, notre seule faiblesse consistait dans notre incapacité de faire sortir le vote le jour du scrutin. Nous manquions de ressources pour le faire. Les péquistes, eux, avaient dépêché de l'aide à Rivière-du-Loup à quarante-huit heures du scrutin. Des hommes de confiance et des organisateurs politiques de Lucien Bouchard, ainsi que plusieurs autres gros canons souverainistes, étaient débarqués en ville pour «faire sortir» le vote en faveur d'Harold Lebel.

Nous avons en fin de compte obtenu 54 % du vote, le péquiste Harold Lebel a terminé deuxième avec 27,2 %, tandis que Jean D'Amour, du PLQ, finissait loin derrière, avec 17 %. Pour le Parti Québécois, le résultat était dévastateur.

La soirée des élections s'est révélée très particulière pour nous. À l'échelle provinciale, les sondages avaient prévu depuis longtemps la victoire du Parti Québécois sur les libéraux. La curiosité de la soirée, c'était de voir ce que récolterait Mario Dumont dans sa circonscription et aux quatre coins du Québec. Les médias nationaux se disaient que si Mario Dumont était élu, ce serait sûrement la nouvelle de la soirée, ce qui nous assurait une bonne couverture médiatique. La plupart des chaînes de télévision, stations radiophoniques et quotidiens nationaux étaient à Rivière-du-Loup ce soir-là.

Il faut dire ici que le dernier sondage de la campagne, réalisé par Léger et Léger, n'avait pas manqué d'attirer notre attention: réalisé pour le compte du *Journal de Montréal* et du *Journal de Québec,* il annonçait une victoire de Mario Dumont. Étonnament, la même maison de sondage nous conseillait quelques semaines plus tôt de retirer Mario de Rivière-du-Loup pour éviter une «humiliation»...

Nous avons attendu les résultats, Mario Dumont, sa femme, ses parents et moi, dans une suite de l'Hôtel universel. Notre attente n'a pas été très longue, car Radio-Canada a annoncé assez rapidement la victoire de Mario. Ce dernier n'a pu retenir ses larmes en apprenant qu'il venait d'hériter d'un siège à l'Assemblée nationale. C'est la seule occasion où je l'ai vu pleurer. Pour la première fois, après tout ce que nous venions de traverser, je pouvais constater que ce jeune homme avait des émotions.

Au fond, je crois qu'il a été très surpris de la tournure des événements. Les gens de Rivière-du-Loup venaient de lui procurer son premier vrai *job* en faisant de lui leur député. La nouvelle s'est rapidement répandue. Les parents de Mario, qui n'avaient jamais cru à cette victoire, et plein d'autres gens qui n'y avaient pas cru non plus étaient à nos côtés, à la fois surpris et heureux.

La grande salle de ce motel de Rivière-du-Loup s'est rapidement remplie. Les gens arrivaient de tous les côtés. C'était une grande victoire. Le PQ avait été porté au pouvoir, mais venait d'être battu dans Rivière-du-Loup. Dans l'ivresse de la victoire, je me rappelle avoir accordé une entrevue en direct à TVA. J'avais déclaré quelque chose comme: «Dans le ciel du Québec, une étoile scintille et elle est au-dessus de Rivière-du-Loup.» Cette victoire nous rendait tous très fiers. Les soirs de victoires électorales procurent toujours leur lot de moments d'ivresse à ceux qui les vivent. De notre côté, le clou de la soirée fut certainement la retransmission en direct du discours de Mario sur toutes les chaînes de télévision.

En observant la foule réunie, je me suis surpris à faire une analyse de ce qui s'était passé au cours des semaines précédentes.

Et ce que je constatais surtout, c'est qu'il n'y avait pas un fort pourcentage de souverainistes dans la salle. Les gens du coin étaient certes très nationalistes, mais je me rappelais qu'ils s'étaient offusqués de la présence de Lucien Bouchard dans la circonscription. Quant à Mario Dumont, on ne le considérait pas comme un souverainiste parce que personne ne se souvenait du programme du parti. Cette hypothèse s'est vérifiée un an plus tard, à l'occasion du référendum, et elle s'est malheureusement révélée exacte.

Mario avait obtenu 54,77 % des voix aux élections de 1994, tandis qu'au référendum de 1995 le Oui l'a emporté avec 54,59 %. Ce dernier résultat est inquiétant pour les adéquistes, parce qu'il y a tout lieu de présumer que les 27,2 % d'électeurs qui ont appuyé le Parti Québécois aux élections de 1994 se sont prononcés en faveur du Oui au référendum. Cela signifie que la moitié de ceux qui ont fait élire Mario Dumont lui ont tourné le dos quand ils ont su qu'il était souverainiste. Il est permis de croire que Mario aura bien de la difficulté à se débarrasser de cette image aux prochaines élections.

Le chef de l'ADQ semble d'ailleurs avoir fait le même calcul puisqu'il a décidé, en janvier 1998, de se déclarer «abstentionniste» en ce qui a trait au débat constitutionnel. Éditorialistes et observateurs de la scène politique se sont demandé quelle mouche avait bien pu piquer le député de Rivière-du-Loup pour qu'il en arrive à un changement de cap aussi radical sur une question aussi fondamentale que celle de l'avenir du Québec. L'explication est simple: il veut se faire réélire! De toute façon, comme nous le verrons plus loin, cette position abstentionniste ne constitue rien de nouveau pour Mario Dumont.

Par ailleurs, sa décision d'appuyer le camp du Oui au référendum a provoqué à l'intérieur même du parti une réaction semblable à celle des gens de Rivière-du-Loup. Plusieurs ont dénoncé Mario à l'interne et ont catégoriquement refusé de travailler pour lui. Des organisateurs locaux ont même claqué la porte parce qu'ils appuyaient le camp du Non. Mario pouvait devenir n'importe quoi, sauf souverainiste. L'ambiguïté de Mario, qui l'avait si bien servi jusque-là, a donc perdu son effet dès qu'il a affiché ses couleurs.

Je reviendrai plus loin sur la campagne référendaire; en attendant, retrempons-nous dans l'ambiance du lendemain des élections.

Il nous fallait désormais composer avec cette victoire et essayer de voir ce que nous allions faire et ce que nous pouvions faire avec le seul député indépendant de l'Assemblée nationale. N'étant pas reconnue comme une formation politique officielle puisqu'elle n'avait pas fait élire suffisamment de députés, l'ADQ pouvait cependant jouer sur une certaine crédibilité et exercer une relative influence, parce qu'elle avait réussi à s'attirer une moyenne de 10 % à 11 % des votes dans les 80 circonscriptions où elle présentait des candidats. Dans certaines circonscriptions, nous avions obtenu des résultats assez intéressants. Dans Champlain, par exemple, nous avions récolté 25,3 % des votes. Dans Argenteuil, c'était 18,5 %, tandis que nous avions atteint 17,8 % dans Chutes-de-la-Chaudière. Nous avions aussi obtenu un résultat digne de mention dans Charlesbourg, avec 15,8 %.

En étudiant mieux les chiffres au lendemain des élections, j'en étais venu à la conclusion que la présence de l'Action démocratique et l'implication de quelques-uns de nos plus valeureux candidats et candidates avaient influé sur les résultats dans environ 23 circonscriptions, qui auraient normalement dû aller soit au Parti Québécois, soit au Parti libéral.

Quelques jours plus tard, Mario et moi nous sommes réunis pour évaluer la situation et voir comment il fallait envisager l'avenir. Il souhaitait que je déménage à Québec pour travailler à la suite des choses avec lui. Nous avions déjà effleuré le sujet avant les élections, même si Mario ne croyait pas vraiment que nous finirions par nous retrouver dans la capitale. C'était d'ailleurs un peu ironique que les gens d'une région qu'il n'aimait pas l'aient élu pour aller les représenter à Québec, un endroit qu'il qualifiait toujours de «village».

J'ai eu le plaisir de participer à l'organisation de la cérémonie d'assermentation de Mario et d'animer cet événement. C'était le 4 novembre 1994. De 200 à 300 personnes étaient venues d'un peu partout, de Rivière-du-Loup surtout, pour y assister. Cette affluence était assez considérable dans la mesure où les députés sont généralement assermentés devant une vingtaine de proches, tout au plus. Nous avons dû déplacer la cérémonie au Salon rouge tellement il y avait de monde.

Nous avons finalement décidé plus tard d'un certain nombre de choses et de certaines stratégies. Pour que je puisse venir travailler à Québec, il nous fallait trouver du financement, parce que nous ne pouvions pas vraiment travailler avec un budget de député indépendant. En plus, j'étais devenu directeur général du parti à Montréal. Il fallait donc dénicher un nouveau directeur général et trouver suffisamment d'argent pour couvrir mon salaire ainsi qu'une partie du salaire d'un attaché de presse et d'un attaché politique. Tout cela en plus d'un budget normal de député.

Dans l'espoir de trouver une solution à nos problèmes, je suis allé rencontrer le chef de cabinet de M. Parizeau, Jean Royer. Je savais qu'il était en mesure de faire pression sur Guy Chevrette, leader parlementaire du gouvernement, qui siégeait alors au bureau de direction de l'Assemblée nationale. Quelques autres élus péquistes et quelques libéraux y siégeaient aussi, mais les péquistes étaient majoritaires.

Toutefois, au sein de ce bureau, la coutume veut que les décisions soient prises par consensus. Il fallait donc que je convainque Jean Royer qu'il finirait par avoir besoin de l'ADQ dans l'éventualité où le Parti Québécois déciderait de tenir un référendum sur la souveraineté. Je lui ai donc rappelé le programme adopté par le parti en mars 1994. Et en évoquant notre performance de la campagne électorale, j'ai laissé entendre à Jean Royer qu'il valait mieux pour le Parti

Québécois nous avoir de son côté plutôt que dans le camp adverse.

«Si Mario est capable de rallier un certain pourcentage de la population derrière lui, ce n'est pas avec les maigres budgets dont nous disposons que nous serons en mesure de faire un bon travail de recherche et d'être efficaces à l'Assemblée nationale», avais-je plaidé.

Il ne semblait pas convaincu.

«Écoute, Jean, je veux venir travailler à Québec, mais ça nous prend le budget nécessaire pour que je puisse faire cela.»

J'avais à peine terminé cette phrase que Royer laissait tomber: «Combien veux-tu comme salaire?»

Sur le coup, je me suis demandé s'il voulait m'embaucher ou s'il voulait vraiment me donner un budget. Sans pousser l'affaire plus loin, j'ai demandé qu'on nous accorde une somme tournant autour de 100 000 $ à titre de budget de recherche. Il s'agissait d'une faveur qui, d'ordinaire, n'est jamais accordée à un bureau de simple député. Les députés reçoivent habituellement quelque 10 000 $ à titre de budget de recherche, en plus de leur enveloppe salariale de députés. J'ai donc travaillé très fort là-dessus avec Jean Royer, parce qu'il s'agissait d'un élément crucial pour nous. Nous avons négocié âprement, et l'ADQ a fini par obtenir une réponse positive. On nous accordait 67 500 $, mais selon ce qu'on nous a raconté, il avait fallu tordre quelques bras pour en arriver là. Pour tout dire, Guy Chevrette et Jean-Pierre Jolivet n'avaient pas défendu très chaudement notre demande, et la décision avait finalement été prise sans qu'un consensus soit établi au bureau de l'Assemblée nationale. Les libéraux, bien sûr, s'étaient prononcés contre.

Pour l'anecdote, je soulignerai aussi que nous avions hérité de quartiers généraux aussi extraordinaires que nos budgets. Nous avions de grands appartements, ainsi qu'un local assez vaste pour loger un attaché politique, un attaché de presse et notre centre de documentation. Notre petit confort rendait même quelques députés, tant péquistes que libéraux, un peu jaloux.

CHAPITRE III

Après les élections, nous avons été emportés par un véritable tourbillon. Jacques Parizeau avait déclaré que les échéances arrivaient assez rapidement, et c'était vrai. D'un point de vue médiatique, Mario Dumont était aussi fort occupé. Son arrivée à l'Assemblée nationale avait suscité une certaine curiosité et les journalistes voulaient voir comment il se défendrait.

Plus tard, à l'automne 1994, nous avons appris que Jean-François Lisée, devenu conseiller du premier ministre, essayait d'entrer en contact avec Mario Dumont par l'entremise d'amis ou d'anciens libéraux. Mario refusait de lui parler, mais a accepté que je m'occupe de cette affaire. J'ai donc rencontré Jean-François Lisée afin de savoir de quoi il retournait.

Par rapport à notre équipe, les gens du Parti Québécois semblaient dans l'ensemble assez ambivalents. Lorsqu'on me rencontrait, on se montrait généralement de bonne humeur, parce qu'on était très content de pouvoir éventuellement compter sur un authentique souverainiste qui ne poserait pas 36 000 conditions quand viendrait le moment de parler des vraies choses. En ce sens, on me distinguait de Mario Dumont et de plusieurs autres ex-libéraux, qui étaient dans certains cas de pseudo-souverainistes. Alors tant qu'à devoir composer avec la présence de Mario, ils étaient très contents, finalement, qu'il se trouve un souverainiste parmi ses plus proches collaborateurs. Je ne sais pas ce qu'ils avaient en tête à cette époque, mais il était évident qu'ils étaient au moins heureux de cet aspect de l'élection de Mario Dumont.

Pour en revenir à Jean-françois Lisée, cet ex-journa-liste, auteur du *Tricheur* et du *Naufrageur*, notre rencontre a eu lieu au bunker du premier ministre. C'est à cette occasion que j'ai appris qu'on étudiait la possibilité de tenir des consultations sur l'avenir du Québec. Lisée parlait de commissions régionales qui écouteraient tous les Québécois qui voudraient s'exprimer sur l'avenir du Québec, sur la souveraineté ou sur d'autres aspects politiques.

Le gouvernement prévoyait offrir au Parti libéral du Québec, ainsi qu'à un très grand nombre d'acteurs sociaux, de participer à ces consultations. Selon le plan envisagé, des comités permanents seraient créés, c'est-à-dire que chacune des commissions était destinée à être présidée par des membres choisis par le gouvernement. On planifiait aussi la création d'une commission jeunesse et d'une commission des aînés, bref, toute la structure qu'on a plus tard connue sous le nom des Commissions sur l'avenir du Québec. Sans doute pour calmer nos réticences à nous associer à une démarche partisane du PQ, le conseiller du premier ministre a tenté de m'influencer en lançant: «Ce n'est pas une démarche partisane! Tout comme vous, je ne suis pas membre du Parti Québécois!»

À mon retour de cette rencontre, j'ai mis Mario Dumont au courant. Et aussi franchement que spontanément, il a trouvé que c'était une idée ridicule. «Ça n'a pas de maudit bon sens, cette affaire-là», s'est-il exclamé.

Je partageais entièrement son opinion, car l'affaire semblait plutôt mal orchestrée. Mais d'un autre côté, je trouvais le fond de l'idée intéressant, et j'ai souligné le fait que nous n'étions pas maîtres de l'agenda politique du gouvernement.

«Notre programme, c'est le redressement des finances publiques, suivi de la souveraineté et du partenariat, mais le mandat appartient à Jacques Parizeau. J'ai beau dire tout ce que je veux aux péquistes, ce sont eux qui sont aux commandes, et nous sommes obligés de composer avec leur ordre du jour.»

Il fallait être conscients que seulement deux choix s'offraient à nous: passer à côté de ces consultations (ce qui ne nous procurait aucun avantage politique) ou y participer, même de façon minimale. Pour ma part, je savais quelle ligne de conduite adopter, mais pour convaincre Mario, il était nettement préférable de procéder par étapes.

«En participant, nous aurions les moyens d'aller chercher plus de visibilité. Le Parti Québécois sait compter. Ajoute notre moyenne de 11 % aux dernières élections aux 44 % récoltés par le PQ ou aux 49 % obtenus par le Bloc sur la scène fédérale, et il est évident que nous pouvons éventuellement avoir notre mot à dire sur ce que sera le prochain référendum», ai-je soutenu.

Mais Mario croyait plus ou moins possible ce scénario. Je lui ai donc demandé de me laisser au moins discuter avec Jean-François Lisée pour gagner du temps et essayer de poser des balises.

«Ensuite, nous en discuterons avec l'exécutif du parti et avec Jean Allaire», ai-je proposé.

M. Allaire, en effet, était revenu militer au parti et siégeait à l'exécutif à titre de vieux sage ou d'éminence grise.

De mon côté, j'ai convaincu Mario de me libérer pour explorer les possibilités de collaboration avec les péquistes. Il était toujours un peu délicat d'aborder avec lui des questions de ce genre, parce qu'il n'avait que vingt-quatre ans et que c'était son premier emploi. Mario Dumont a une bonne tête sur les épaules. Plus jeune, il était le genre d'adolescent à participer à l'émission *Génies en herbe*, mais d'un point de vue politique, c'est un ancien libéral. Et les libéraux, c'est bien connu, ont l'habitude d'être guidés par des raisons d'organisation ou d'administration et de disposer de gros moyens. Comme les goussets et l'organisation de l'ADQ demeuraient assez limités, Mario hésitait toujours à se lancer dans différents projets, parce qu'il croyait que nous n'avions pas la capacité matérielle de le faire. Mon opinion à ce sujet était qu'il y a toujours un moyen de faire les choses à condition

qu'on sache minimalement s'organiser. Il ne fallait pas négli-
ger le fait que nous avions entre les mains la «balance du
vote» au référendum, que ce soit d'un côté ou de l'autre. En
ce qui me concerne, rien ne pouvait me convaincre de me
rallier au Non, et j'ai plusieurs fois répété à Mario Dumont
que, peu importe le déroulement des événements, il ne
pourrait pas aller du côté du Non. Il avait alors révélé que sa
position serait l'abstention. M. Allaire l'appuyait dans cette
voie, que je trouvais ridicule.

«Ça n'a aucun sens de s'abstenir, leur disais-je. On ne
peut pas être sous le parapluie du «peut-être» ou du «je ne sais
quoi» après tout le cheminement que vous avez fait au Parti
libéral et tout le progrès que nous avons fait avec l'Action
démocratique. Préconiser l'abstention équivaudrait à signer
notre arrêt de mort.»

En plus de ces arguments, je rappelais à M. Allaire qu'il
avait essayé de nous convaincre de ne pas participer à l'élection de 1994 parce qu'il prétendait que nous ne serions pas
prêts. Et il avait hésité à recommander à Mario Dumont de
devenir chef de l'ADQ parce que, disait-il, il ne pourrait pas
se faire élire. J'en avais ras le bol de ses «il ne faut pas» et de
ses «nous ne sommes pas capables». J'ai donc terminé mon
plaidoyer en soulignant la nécessité de faire un essai et de
prendre une décision éclairée par la suite.

C'est ainsi que j'ai pu avoir plusieurs rencontres avec
Jean-François Lisée, à qui je rappelais toujours que le dernier
mot reviendrait à Mario Dumont. C'était lui le chef, et la
décision finale devait être la sienne, qu'elle me plaise ou
non. Dans l'éventualité où je ne serais pas satisfait de ses
décisions, je n'aurais qu'à le quitter. Mais je me disais que
c'était à moi de convaincre Mario de s'inscrire dans la
démarche souverainiste proposée par le PQ s'il semblait y
avoir un intérêt pour lui là-dedans.

J'ai finalement convaincu mon chef en lui faisant miroi-
ter la perspective que nous puissions obtenir que l'ADQ
soit représentée au sein de chacune des commissions. D'ailleurs,

les libéraux se sont rapidement présentés comme des gens qui ne voulaient pas participer. J'ai fait observer à Mario Dumont que nous pourrions facilement expliquer aux militants de notre parti que, dans une optique d'ouverture d'esprit, dans un esprit de démocrates, nous ne pouvions pas bouder cet exercice, même si nous ne voulions pas de ces commissions régionales et nationales sur l'avenir du Québec.

«Mais il n'est pas question que nous y participions aux conditions fixées au départ par le Parti Québécois. Ce sera à nos conditions, ou rien», ai-je lancé.

En plus d'un siège assuré à chacune des commissions, nous demandions, entre autres, que Mario Dumont puisse circuler d'une commission régionale à l'autre, un privilège accordé seulement à M. Parizeau à ce moment-là. Aucun ministre du Parti Québécois, pas même Lucien Bouchard, n'avait droit à cette visibilité. De notre côté, nous trouvions inespérée l'occasion qui se présentait à Mario de faire un autre tour du Québec. Nous nous disions qu'il pourrait donner des points de presse dans toutes les régions, qu'il jouirait d'une plus grande marge de manœuvre et qu'il deviendrait ainsi un personnage encore plus incontournable de la scène politique.

Ces deux demandes nous semblaient raisonnables, mais Jean-François Lisée et les autres péquistes avec qui je négociais ne cessaient de me mettre des bâtons dans les roues en répétant qu'il leur était impossible de nous accorder ces deux privilèges. Sans en parler préalablement avec Mario, je me suis alors permis de faire monter les enchères encore une fois.

«Nous voulons être consultés quant à l'identité des personnes qui seront nommées pour siéger au sein de ces commissions, en plus de retrouver un commissaire de l'ADQ à chacune de ces commissions.»

Là, mes interlocuteurs ont répondu que j'exagérais. J'ai rétorqué que nous ne voulions pas forcer le gouvernement à nous accorder un droit de refus, mais que nous voulions au moins être consultés quant à l'identité des gens qui seraient appelés à siéger à nos côtés. En réplique aux objections des Jean-François Lisée, Jean Royer, Éric Bédard, Jules Rivard et quelques autres personnages avec lesquels j'entretenais des liens téléphoniques assidus, j'avais simplement ajouté un peu plus de pression.

«Si nous ne sommes pas d'accord avec les nominations, nous les dénoncerons et nous remettrons en cause notre participation. Ce ne sera donc pas dans votre intérêt d'agir de la sorte.»

À vrai dire, il s'agissait purement et simplement de chantage politique. Cela voulait dire: «Vous avez besoin de nous, mais nous serons là seulement si vous en payez le prix politique.»

Et les péquistes ont effectivement payé ce prix, après plusieurs autres semaines de tractations. Mario Dumont, qui n'en revenait tout simplement pas, a donc accepté de participer aux commissions, mais il nous fallait encore convaincre l'exécutif de l'ADQ. Ce fut loin d'être facile, étant donné que la plupart des membres de l'exécutif s'étaient écriés «non, non et non» quand nous leur en avions parlé. Je me souviens que le président, Hubert Meilleur, qui n'était pas identifié comme souverainiste, ne cessait de répéter: «Il n'en est pas question, on va se faire engloutir par le Parti Québécois.» Nous avions beau expliquer que nous restions autonomes et indépendants et que nous participions à nos conditions, l'exécutif se montrait très réticent. Mais nous avons finalement réussi à convaincre les membres de tenter l'expérience, et nous avons siégé au sein des Commissions sur l'avenir du Québec.

Nous estimions que tout ce cirque était mal orchestré, mais nous étions visibles dans toutes les régions du Québec et les dépenses de nos commissaires étaient payées par le gouvernement. Cependant, les commissions ne parvenaient pas à attirer autant de participants que le gouvernement l'aurait souhaité. Je pense à certaines salles, dans Lanaudière ou dans les Laurentides notamment, où peu de gens venaient assister aux audiences. Ces régions étaient pourtant des bastions péquistes et bloquistes. Les citoyens avaient sans doute compris que ce processus, qui était redondant et ennuyeux à mourir, présentait peu d'intérêt. Mais je pense que nous avons manœuvré avec beaucoup d'habileté. Mario prenait son rôle au sérieux et nous avons quand même tiré de belles leçons de tout cela.

Quand a sonné la fin des commissions régionales, ce fut le temps d'en rédiger les rapports. Et il n'était pas question pour nous que ces rapports soient unanimes, ce qui aurait voulu dire que l'ADQ appuyait tout ce qui s'était dit et fait dans les commissions. Nous nous sommes donc arrangés pour que certains de nos représentants préparent des rapports dissidents. Le Parti Québécois, qui prétextait des délais d'imprimerie, voulait que les rapports soient signés avant la fin de la rédaction, ce contre quoi j'avais protesté avec véhémence.

Cette attitude du PQ nous a d'ailleurs occasionné quelques désagréments. En Abitibi, par exemple, Rémy Trudel avait réussi à convaincre notre délégué de faire confiance aux commissaires péquistes. *Le Devoir* a rapporté que je m'opposais à ce que nos commissaires soient signataires du rapport. En fait, je ne voulais pas qu'ils signent quoi que ce soit avant que les rapports soient rédigés, parce qu'on y trouvait un grand nombre d'éléments sur la souveraineté. Chaque rapport était en quelque sorte un projet de société, et il n'était pas question pour nous d'endosser n'importe quoi. Notre grande difficulté, donc, était que nous manquions de gens pour lire tous les mémoires. C'était en réalité une tâche presque impossible à accomplir. Et nous ne pouvions pas nous en remettre entièrement au bon jugement de nos représentants. Si la plupart d'entre eux étaient compétents, d'autres l'étaient moins ou pas du tout. Comme il nous fallait une certaine sécurité, j'ai dû manœuvrer et discuter longuement avec chacun de nos commissaires, à raison d'un, deux ou trois entretiens par semaine. Chacun me dressait un bilan de ce qui s'était dit ou fait, ainsi que des interventions que nous avions à effectuer.

Comme des moines, les membres de notre équipe assimilaient toutes ces informations. Nous avons ainsi suivi le déroulement des travaux des Commissions sur l'avenir du Québec. Quand on pense qu'un ministre pouvait n'avoir qu'une commission régionale à suivre, et, qui plus est, avec l'aide de tout son cabinet, cela donne une idée de l'ampleur de la tâche que nous avons accomplie avec nos maigres ressources. Nous nous sommes tellement bien débrouillés là-dedans que, à la fin de l'exercice, la proportion de nos rapports dissidents et des rapports que nous avons endossés était assez bien équilibrée. Au bout du compte, notre analyse des commissions nous faisait dire qu'il n'y avait ni trop de positif ni trop de négatif dans ces consultations. En gros, l'ADQ disait qu'elle avait participé et qu'elle avait entendu ce que les gens voulaient. Mais nous n'étions pas trop favorables à la tenue d'un référendum en 1995 parce que, à notre avis, certaines choses (comme le redressement économique) devaient être faites auparavant. Nous trouvions que la conjoncture se prêtait mal à une prise de décision aussi importante de la part des Québécois.

Pour un parti qui n'avait pas un an et qui ne comptait qu'un député à l'Assemblée nationale, nous avions réussi, je pense, à réaliser quelque chose d'assez exceptionnel. Le fait que nous détenions une sorte de balance du pouvoir et que nous étions devenus incontournables sur la scène politique était plus vrai, plus réel que jamais. La preuve, c'est que la situation plaisait de moins en moins aux gens du Parti Québécois. J'avais commencé à avoir des prises de bec avec Jean Royer et Jean-François Lisée, qui trouvaient que Mario ne s'affichait pas suffisamment comme souverainiste. Ils se plaignaient aussi du fait que M. Allaire les critiquait publiquement. Ce dernier, il est vrai, se montrait on ne peut plus méfiant à l'égard des gens du Parti Québécois.

C'est dans ce climat de méfiance et de petits affrontements que se sont déroulées les Commissions régionales sur l'avenir du Québec. Mais au moins, comme promis, le premier ministre Parizeau nous soumettait les noms des personnes qu'il souhaitait voir siéger au sein des commissions, qu'il s'agisse des Louis-Paul Allard, Monique Vézina, Marcel Masse et autres. Je ne suis pas certain qu'il en faisait autant avec Lucien Bouchard.

Certaines personnes ont été écartées à notre demande, tandis que nous avons dû jouer serré pour en faire nommer d'autres qui nous semblaient plus crédibles ou plus sympathiques à l'ADQ, comme Louis Balthazar, par exemple. Ce dernier avait accepté un poste de commissaire indépendant au sein de la commission de la capitale. J'ai également réussi à proposer quelques personnes pour des présidences, des vice-présidences et des postes de commissaires. Mais le processus de sélection était vraiment difficile, car il y avait des échanges de points de vue sur presque chaque nomination.

La dernière étape de ces travaux fut la Commission nationale sur l'avenir du Québec. Ses membres étaient en majorité issus des présidences des commissions régionales. Cette commission était appelée à recevoir les mémoires des grands groupes sociaux du Québec.

La Commission devait entreprendre ses travaux quelques jours plus tard au Manoir Montmorency, à Québec. En plus d'avoir à régler les problèmes entourant les nominations, j'ai dû négocier avec Mario Dumont, qui ne voulait pas participer à la Commission nationale sous prétexte que ce serait un autre gros show dont la conclusion s'annonçait inévitablement péquiste.

«Il n'est pas question que je prenne part à cela», m'avait-il lancé.

J'ai essayé de le convaincre et de lui faire comprendre que cela n'avait aucun sens d'être absent de la finale après avoir assisté à toutes les séances depuis le début. Il m'a alors répondu qu'il ne participerait qu'à condition d'avoir droit au même temps de discours et au même nombre d'interventions que les autres chefs. Ce caprice nous a fait retomber dans des négociations semblables à celles qui

avaient précédé les commissions régionales. Les négociations avec Jean Royer et compagnie ont donc repris de plus
belle. Nous tentions de leur faire admettre qu'il était
incorrect de refuser à Mario Dumont les privilèges accordés
aux autres chefs, même s'il était à la tête d'un parti qui ne
comptait qu'un député.

«Imaginez un peu de quoi cela aura l'air, si Mario claque
la porte et sort du processus», ai-je souligné.

Encore une fois, ils ont fini par céder, et nous avons pu
participer aux travaux de la Commission nationale. Notre
participation à cette commission devait finalement débou-
cher sur des discussions en coulisses qui ont par la suite provoqué l'un des faits saillants de la campagne référendaire. Je
peux même affirmer que Mario Dumont apprendra cette histoire en lisant ce qui suit.

Avant d'en venir au fait, je tiens à dire que, dès la première rencontre avec les membres de la Commission nationale, Gilles Châtillon, le secrétaire général de la Commission, et Jean-François Lisée ont donné les grandes lignes du
rapport final, et ce, avant même que l'on ait commencé à siéger! On nous avait d'ailleurs avisés que la rédaction du rapport final était déjà commencée.

Toujours est-il qu'on rencontrait beaucoup de monde
dans les coulisses de la Commission nationale sur l'avenir du
Québec. Pour ma part, j'ai eu l'occasion de croiser nombre de
personnes que je connaissais déjà, comme Sylvain Simard,
qui n'était pas encore ministre alors, ou Pierre-Paul Roy, qui
était à l'époque conseiller de Lucien Bouchard à Ottawa. Ce
fut aussi le moment pour moi de rencontrer des gens que je
ne connaissais que de nom, comme Daniel Turp, par exemple, professeur de droit à l'Université de Montréal. Bref, j'ai
eu l'occasion de discuter avec des dizaines et des dizaines de
personnes pendant les travaux de cette commission.

J'avais une idée en tête depuis un certain temps, et c'est
au fil de ces rencontres que j'ai décidé d'en parler à quelques
personnes, en particulier à Pierre-Paul Roy. Que ce soit dans

les corridors ou autour d'une bonne bouteille à la fin de la soirée, j'essayais d'orienter les discussions.

«Le référendum approche à grands pas, et il faudrait que vous commenciez à penser à ce que vous allez faire. Le Parti Québécois va dans une direction, mais vers où le Bloc se dirige-t-il précisément? Nous, ce qu'on veut et ce dont on fera la promotion, c'est la souveraineté et le partenariat.»

On me répondait, la plupart du temps, que mon chef n'était pas vraiment souverainiste et qu'il lui faudrait prendre position clairement avant le référendum.

«Mario Dumont a voté en faveur de la notion de redressement-souveraineté-partenariat à notre congrès. Si la souveraineté se fait avant le redressement parce que nous ne sommes pas maîtres de l'agenda, nous allons vivre avec et nous procéderons au redressement après la souveraineté. C'est aussi simple que ça», répliquais-je.

Mario n'était absolument pas au courant de ces démarches, et j'avoue que de tels propos traduisaient une projection plus qu'autre chose. En fait, je voulais tâter le terrain afin de savoir s'il était possible de nous entendre avec le Parti Québécois et le Bloc Québécois. J'avais en tête une entente qui réunirait nos trois forces. Que le Bloc et le PQ fassent campagne ensemble n'allait surprendre personne. En ce sens, une entente entre le Bloc Québécois, le Parti Québécois et l'Action démocratique du Québec avait toutes les chances d'être perçue comme quelque chose de neuf et de différent. Personnellement, je savais aussi que je ferais campagne pour le Oui. Mais je me disais qu'il n'était pas suffisant d'avoir contribué à amener d'anciens fédéralistes à se prononcer en faveur de la souveraineté à l'occasion d'un congrès. Il fallait à mon avis que l'ADQ se joigne au camp du Oui et participe avec énergie au référendum.

Je parlais donc au plus grand nombre de personnes possible pour faire avancer mon plan. Je me souviens d'en avoir discuté notamment avec Sylvain Simard, puis avec des gens comme Louis-Paul Allard (président de la commission de

Lanaudière) et d'autres personnes qui avaient pris part à différentes commissions régionales. Je me rappelle particulièrement le président de la commission du Saguenay–Lac-Saint-Jean, Réjean Simard qui, au cours d'un dîner, m'avait donné l'impression de bien connaître Lucien Bouchard. Je voulais répandre l'idée qu'il était nécessaire de créer le plus large consensus possible. J'en ai même discuté avec Gérald Larose pendant une vingtaine de minutes sur le perron du Manoir Montmorency. L'un de ceux qui se sont montrés le plus intéressés par cette démarche est Marcel Masse, qui était à cette époque vice-président de la Commission nationale. Nous avions eu une bonne discussion au terme de laquelle il m'avait dit:

«Je trouve ton idée très intéressante. Si tu as besoin d'appui, j'aimerais que tu m'en reparles. Si tu trouves que ça n'avance pas assez rapidement, je ferai un certain nombre de démarches de mon côté.»

En prenant un verre au restaurant du Manoir Montmorency, j'ai aussi abordé la question avec Pierre-Paul Roy. Mais, curieusement, les choses n'ont pas progressé comme elles auraient dû le faire après ma conversation avec Jean-François Lisée. Peut-être était-ce parce que l'idée ne venait pas de lui, mais il ne me répondait pas assez rapidement là-dessus. Il semblait obnubilé par ses commissions sur l'avenir du Québec – c'était son bébé –, même si beaucoup de gens trouvaient le processus complètement fou, y compris des gens du Bloc et de l'ADQ. Mais Lisée était très satisfait. Il se préoccupait tellement de ses commissions qu'il se moquait éperdument de tout le reste. Les déclarations d'indépendance et de souveraineté faites par les centrales syndicales et les mouvements nationalistes l'excitaient au point qu'il n'en voyait plus clair. Ça ne rimait pourtant à rien, tout ce cirque.

La situation était tellement ridicule que nous faisions des blagues sur le sujet. Un beau jour, pendant les audiences de la commission, je m'étais un peu amusé en parlant avec le journaliste Maxence Bilodeau, de Radio-Canada.

«Regarde aller les péquistes et remarque comme ils sont contents. Ils font un show, mais ils ne pensent pas à ce qui devra arriver après. Ils ne pensent qu'au moment où des souverainistes peuvent brandir le drapeau du Québec et crier "Vive la souveraineté!" avant d'être arrivés au référendum.»

Une dame venait de quitter le micro après avoir lu son mémoire au nom, disait-elle, de 800 000 assistés sociaux. Une autre auparavant avait déclaré exprimer la position d'un million et demi de membres. Toutes les minorités et tous les groupes sociaux défilaient devant les commissaires, et tout le monde disait parler au nom de tout le monde. Pendant ce temps, Jean-François Lisée contemplait son œuvre et se félicitait.

«Si j'étais journaliste, mon *lead* pour le bulletin de nouvelles de ce soir, ce serait quelque chose du genre "25 millions de Québécois représentés par leurs porte-parole se sont prononcés pour la souveraineté"», avais-je aussi blagué, toujours en m'adressant au journaliste de Radio-Canada.

C'était ça, au fond, le spectacle de Jean-François Lisée. J'avais additionné tous les chiffres mentionnés dans les documents et le total atteignait non pas sept millions de personnes, dont quatre millions et demi de votants, mais bien 25 millions de personnes qui, toutes, se disaient en faveur de la souveraineté. Ça ne tenait tout simplement pas debout, c'était complètement fou.

Lisée était tellement préoccupé par les commissions que le projet de coalition des trois partis ne semblait pas l'intéresser. C'est donc Pierre-Paul Roy qui a été mon interlocuteur le plus sérieux au sujet de la future entente PQ-BQ-ADQ.

D'ailleurs, à l'occasion de son congrès des 7, 8 et 9 avril 1995, le Bloc avait amorcé un virage vers la souveraineté assortie d'une offre de partenariat politique et économique avec le reste du Canada. L'ADQ faisait de cette option son cheval de bataille depuis longtemps, depuis plusieurs mois avant le BQ, en fait. Il était donc logique que Pierre-Paul Roy prête une attention particulière à la proposition de coalition que je lui faisais.

«Il faut vraiment parler du partenariat. Je pense qu'il faut faire quelque chose», avais-je lancé à Pierre-Paul Roy.

Une journée ou deux après la Commission nationale sur l'avenir du Québec, ce dernier me donnait un coup de fil. D'après ce que j'ai pu comprendre, il avait parlé avec les gens du Bloc de la possibilité de conclure une entente. Lucien Bouchard trouvait l'idée intéressante. Pierre-Paul Roy avait donc fait un aller-retour pour me rencontrer afin de savoir jusqu'où nous étions prêts à aller avec notre idée. Nous nous sommes donné rendez-vous à l'Aviatic, un restaurant de Québec. Roy est parti immédiatement après cette conversation, et c'est à compter de ce moment que j'ai commencé à informer Mario Dumont de mes démarches. Encore une fois, mon chef a réagi en disant que ça ne marcherait jamais et que ce n'était pas possible.

«Chaque fois que tu m'as servi cette réponse, les choses ont quand même marché. Laisse-moi donc la possibilité d'essayer.

— Parizeau est têtu. C'est un gars qui s'organise tout seul et il ne voudra jamais modifier son projet. Pour lui, c'est l'indépendance, point final, et il n'en démordra pas», m'a répondu Mario.

Cette remarque me semblait un peu injuste envers M. Parizeau, qui avait fait preuve d'ouverture d'esprit à plusieurs reprises depuis notre arrivée à l'Assemblée nationale. Et si le premier ministre s'était montré capable de souplesse auparavant, il n'y avait pas de raison de croire qu'il changerait d'attitude. J'ai donc téléphoné à Jean-François Lisée, et je lui ai laissé plusieurs messages lui demandant de me rencontrer. Mais j'avais un mauvais pressentiment. Lisée, encore une fois, ne semblait pas du tout intéressé par le projet. À un moment, j'ai décidé de parler directement au vice-premier ministre, Bernard Landry. J'avais croisé l'un de ses adjoints dans l'antichambre de l'Assemblée nationale et sollicité une entrevue.

Il me fallait rencontrer Bernard Landry à huis clos, mais je ne pouvais pas me permettre de ne pas en parler à Mario

Dumont. J'ai donc dit à mon chef que j'étais en contact avec les gens de Bernard Landry, mais sans lui dire qui avait établi ce contact. Comme Lisée ne nous rappelait pas, j'ai soutenu qu'il fallait parler à l'entourage de Landry pour faire avancer le projet de coalition.

«Je veux tâter le pouls de Bernard Landry à ce sujet et je sais qu'il manigance beaucoup à l'intérieur du Parti Québécois pour servir ses propres intérêts. Il a peut-être des choses à nous apprendre», avais-je dit à mon chef.

Je ne savais trop quoi espérer de cette rencontre, mais je savais qu'elle viendrait rapidement aux oreilles de Jean-François Lisée et des autres, puisque la femme de Lisée était l'attachée de presse de Bernard Landry.

Peu de temps après avoir demandé un rendez-vous, le lendemain ou le surlendemain, j'étais convoqué au bureau de Bernard Landry, dans l'édifice du ministère des Affaires internationales. Je lui ai alors expliqué que je voulais que nous travaillions ensemble et qu'il y avait quelque chose à faire.

«Je sais que tu es un souverainiste de longue date, je sais cela. Selon moi, il n'y a pas de raison que nous ne fassions pas le référendum ensemble», m'avait-il répondu.

J'ai dû préciser que ma démarche était individuelle et qu'à mes yeux, la souveraineté était plus importante que les partis politiques.

«La coalition avec Mario Dumont serait un gros avantage pour la souveraineté, mais je pense qu'on ne peut pas aller aussi vite qu'on le souhaiterait avec ceux du bunker, parce que Jean-François Lisée semble nous bloquer.»

Moins de quarante-huit heures plus tard, Jean Royer demandait à me rencontrer. Je lui ai clairement exposé mon projet, tout en mentionnant que Jean-François Lisée nous mettait des bâtons dans les roues.

«Je vais mandater Jean-François pour donner suite à ton affaire, mais je me tiendrai au courant et j'assisterai aux premières rencontres», m'a-t-il promis.

Chose dite, chose faite, et une première rencontre exploratoire avec les gens du PQ et du Bloc fut organisée. C'était en même temps le signal de départ d'une course contre la montre, et le début d'un autre affrontement interne au sein de l'ADQ. Mario Dumont et Jean Allaire étaient littéralement pris de panique. Ils me rappelaient que Lucien Bouchard n'avait pas tenu sa promesse pendant la campagne électorale, dans Rivière-du-Loup. Et Mario Dumont répétait sans cesse que Jean Lapierre (l'ex-député fédéral devenu animateur de radio) lui conseillait de ne pas faire confiance à Lucien Bouchard.

«Il n'est pas question qu'on embarque là-dedans. On va se faire avoir. Nous ne pourrons jamais obtenir quoi que ce soit avec Bouchard et Parizeau. Ils vont nous promettre monts et merveilles pour ensuite nous tromper», arguaient-ils en chœur.

La meilleure façon de n'être pas trahis consistait à préciser nos conditions et à ratifier une entente. Cependant, Mario Dumont et Jean Allaire restaient convaincus que le Bloc et le PQ ne respecteraient pas leur parole et que Jacques Parizeau refuserait tout compromis pour former une coalition.

En fin de compte, j'ai quand même réussi à soutirer l'autorisation de participer aux premières rencontres. Mais à partir de ce moment, plusieurs personnes à l'ADQ ont commencé à me percevoir comme une menace. À leurs yeux, j'étais Néron-le-souverainiste, et on acceptait mal que j'assiste à ces rencontres au nom de l'ADQ. La résistance était assez forte chez un grand nombre de membres. Mon propre chef et son mentor se tenaient sur leurs gardes. Il était clair qu'ils se disaient: «Il faut le surveiller, il va nous entraîner dans une galère dont nous ne pourrons plus sortir.»

Le climat était devenu lourd et tendu. J'ai donc proposé à Mario de permettre à d'autres membres de l'ADQ de m'accompagner à ces rencontres. J'avais l'intention de poursuivre la démarche et de conclure une entente avec le Bloc et le

PQ, mais pour éclaircir les questions juridiques, aucune aide n'allait être superflue. Du côté des péquistes, les aspects plus pointus étaient l'affaire d'Hubert Thibault et de Jean Royer, aspects dont Gilbert Charland et Pierre-Paul Roy se chargeaient chez les bloquistes.

Ma proposition était que Jacques Gauthier et Claude Carignan me secondent lors de quelques rencontres. Claude avait fait ses preuves pendant notre bataille judiciaire de la campagne électorale, tandis que Jacques Gauthier, un bon avocat, était une connaissance de longue date de Jean Allaire. Il avait milité à l'ADQ pendant une courte période, puis nous avait quittés. Jean Allaire avait confiance en Gauthier; ce dernier avait été son adjoint au sein de la commission politique du Parti libéral et avait participé à la rédaction du rapport Allaire.

Avec Mario, il a donc été convenu que ces deux personnes allaient m'accompagner lorsqu'il serait question d'aspects légaux ou de sujets complexes comme le droit international. D'un autre côté, Claude Carignan et Jacques Gauthier seraient à même de constater que nous marquions des points à la table des négociations, et ils pourraient en faire rapport. Il était important de procéder ainsi, sans quoi le climat de méfiance qui régnait à l'ADQ nous condamnait à piétiner. Je me disais qu'il serait bon de trouver à la table de l'exécutif national de l'ADQ des gens en mesure de dire aux autres si ce que j'avais négocié était valable ou pas. En rassurant tout le monde, nous nous évitions bien des débats stériles.

Les principales difficultés de ces négociations entre le PQ, le Bloc et l'ADQ touchaient surtout la notion de partenariat, si chère à notre formation politique. C'était le bout de chemin que le Parti Québécois trouvait le plus ardu à franchir. Le Bloc Québécois avait déjà franchi ce pas, mais *a priori*, M. Parizeau ne souhaitait pas aborder ce thème.

De temps à autre, pour satisfaire Jean Allaire et Mario Dumont, je réussissais à faire insérer certains éléments de la négociation tripartite dans les discours du premier ministre. C'était quelque chose d'assez singulier. Jean-François Lisée me faisait parvenir des discours du premier ministre censés répondre à nos demandes, puis je lui retournais les copies avec les corrections jugées nécessaires. Je pouvais ensuite annoncer à Mario et à M. Allaire que le premier ministre avait accepté telle ou telle chose et que j'avais obtenu la garantie qu'il le confirmerait dans son discours du lendemain. Nous écoutions les bulletins de nouvelles pour vérifier si M. Parizeau tenait ses promesses. Chaque fois, le chef du Parti Québécois tenait parole. Je n'avais pas eu de contacts directs avec lui sur ces questions, mais les actions de M. Parizeau me faisaient comprendre qu'il était beaucoup plus ouvert que les gens ne le croyaient.

Une fois le travail de déblayage terminé par les équipes de conseillers, nous avons commencé à prévoir des rencontres entre les trois chefs pour finaliser l'entente. Toutefois, Mario Dumont a aussitôt recommencé à jeter du sable dans l'engrenage, avec la bénédiction de Jean Allaire. Ils m'ont même demandé tous les deux de me retirer de la table des négociations. Je ne sais pas ce qui les motivait, mais je pense que, fondamentalement, ils avaient vraiment peur de se tourner du côté du Oui.

Pour rassurer Mario, j'ai suggéré que nous demandions la création d'un comité d'orientation et de surveillance chargé de veiller aux intérêts des citoyens après une éventuelle victoire du Oui. Entre-temps, j'avais laissé à Bernard Landry un message car je voulais lui dire que nous étions dans une impasse à l'ADQ. Je voulais lui faire part de mon intention de quitter le parti si nous ne réussissions pas à conclure les négociations sur une note satisfaisante.

«On va demander la formation d'un comité au sein duquel Jean Allaire pourra siéger. On exigera d'avoir un siège ou deux et on sera en mesure de surveiller ce qui se passera. En plus, on pourrait demander que la déclaration de souveraineté ne se fasse pas avant que les négociations devant mener au partenariat soient entamées avec le reste du Canada», ai-je proposé.

Avec l'appui de mon chef, je suis donc retourné à la table des négociations pour proposer la formation d'un comité d'orientation et de surveillance. J'ai insisté sur le fait qu'une majorité de Québécois, y compris des membres de l'ADQ, n'avaient pas confiance en M. Parizeau et qu'il fallait le surveiller pour rallier plus de gens à la cause du Oui. C'était une position un peu délicate parce qu'il fallait que quelqu'un au Parti Québécois soit capable de transmettre le message à Jacques Parizeau.

«Ça nous prend un comité de quatre, cinq ou six personnes actives dans différentes sphères de la société, ce qui nous permettra de miser sur des personnes de grande notoriété.»

J'avais même dressé une liste préliminaire de noms d'hommes et de femmes très crédibles. La plupart appartenaient au monde des affaires, mais quelques-uns faisaient aussi leur marque dans le domaine culturel. On trouvait sur cette liste des gens comme Claude Béland, Bernard Lemaire, Nicole Pageau-Goyette ou Serge Turgeon. La proposition de l'ADQ, c'était de confier à un groupe de personnes crédibles le mandat de définir des orientations à l'intention du négociateur en chef et du gouvernement du Québec après la victoire référendaire. Par la suite, le comité d'orientation et de surveillance pourrait assister le négociateur dans ses travaux tout en assurant les Québécois de la rigueur du processus de transition devant mener le Québec au statut de pays souverain.

Il faut croire que l'idée avait du sens puisque Jean Royer, Michel Carpentier, Jean-François Lisée, Hubert Thibault, Pierre-Paul Roy et Gilbert Charland se sont tous laissé convaincre. À mon avis, ce fut un point tournant de la négociation, car il s'agissait d'un élément fondamental pour bien des Québécois. Le comité d'orientation et de surveillance leur donnait des garanties d'objectivité tout en les assurant que Jacques Parizeau ne se retrouvait pas avec un chèque en blanc. Nous ne remettions absolument pas en cause l'intégrité de M. Parizeau, mais il fallait trouver une façon de contourner son problème d'image. Les conseillers du PQ et du Bloc sont allés voir Jacques Parizeau et Lucien Bouchard avec ce projet sous le bras, et ils sont revenus avec des consentements des deux côtés.

Une fois l'idée d'un comité d'orientation et de surveillance acceptée, les débats au sujet de l'identité du futur négociateur en chef du Québec ont vite commencé à l'ADQ. Obnubilés par Jean Allaire, les membres de notre exécutif exigeaient presque unanimement que cet important rôle lui soit confié. À mon avis, Lucien Bouchard représentait un bien meilleur candidat. Connaissant les liens qui unissaient Mario Dumont et Jean Allaire, j'ai d'abord tenté de faire comprendre à mon chef que M. Allaire n'avait ni le talent ni la crédibilité nécessaires pour occuper le poste de négociateur en chef.

«Et en plus, le Parti Québécois ne l'acceptera jamais», ai-je risqué.

M. Allaire devait finalement rejeter la demande de l'exécutif de l'ADQ, en partie grâce à l'insistance de Mario Dumont qui, tout bien considéré, avait convenu que la présence de Jean Allaire à ce poste pouvait lui attirer des problèmes. J'avais avancé l'argument que le travail de négociateur comportait une bonne part de risque et que l'ADQ devait éviter d'être responsable d'un éventuel fiasco.

«Imagine ce qui arriverait si les négociations de partenariat échouaient et que Jean Allaire était aux commandes. Qui en serait tenu responsable? Nous autres. Lucien Bouchard ferait un meilleur négociateur en chef parce que *c'est* un négociateur. Le Canada anglais ne l'aime pas, mais il recueille un large consensus au Québec. Et si jamais les négociations avortent, c'est Lucien Bouchard qui sera pris à partie, et l'ADQ n'aura rien à se reprocher là-dedans», avais-je expliqué à mon chef.

Quant à notre proposition d'un délai d'une année avant la proclamation de souveraineté, elle avait été débattue en même temps que l'idée du comité d'orientation et de surveillance, mais Jacques Parizeau a mis plus de temps à l'accepter. Le PQ, le Bloc et l'ADQ ont finalement approuvé le principe que la souveraineté ne serait pas conditionnelle à la ratification d'une entente avec le reste du Canada. Mais nous avons décidé d'indiquer clairement qu'une déclaration de souveraineté serait faite dans un délai de plus ou moins un an, et ce, qu'il y ait ou non entente avec le reste du Canada.

À compter du milieu de mai jusqu'au début de juin 1995, les chefs se sont réunis avec Jean-François Lisée, Jean Royer, Gilbert Charland et moi-même pour régler les derniers détails et couler l'entente dans le béton. Ces rencontres ultrasecrètes avaient lieu au cabinet du premier ministre, à Montréal ou à Québec. Les résultats de ces rencontres ne faisaient pas seulement des heureux. Je me souviens, par exemple, de la décision de promettre la sécurité d'emploi aux fonctionnaires fédéraux si le Oui l'emportait. Jacques Parizeau tenait mordicus à cette idée, tandis que Mario Dumont et Lucien Bouchard étaient tout à fait contre. À nos yeux, il était impossible de garantir un emploi à tous les fonctionnaires fédéraux. De plus, nous estimions que cette promesse n'était d'aucune utilité pour le camp du Oui dans l'Outaouais et nous craignions qu'elle ne provoque une sorte d'effet boomerang dans la région de Québec, phénomène qui s'est d'ailleurs produit. Cependant, Mario Dumont s'est mis le doigt dans l'œil pendant que les deux autres chefs débattaient cette question et il a fini par se ranger derrière Jacques Parizeau. Au même moment, j'ai croisé le regard de Lucien Bouchard qui semblait me dire: «On a un problème.» J'étais tout à fait d'accord avec lui, mais la volte-face de mon chef était accomplie et nous ne pouvions plus revenir en arrière.

Comme ils mettaient en présence trois clans politiques bien distincts, les pourparlers n'allaient pas sans heurts. Mais le personnage qui tapait le plus sur les nerfs des gens engagés dans la négociation était sans contredit Jean-François Lisée.

Lucien Bouchard reprochait à Lisée d'être incapable de se mêler uniquement de ses affaires. En outre, le chef du Bloc ne prisait guère l'attitude qu'adoptait l'ex-journaliste à son égard, ainsi qu'à l'égard de son chef de cabinet, Gilbert Charland. De son côté, Gilbert Charland l'ignorait tout simplement. Pour ma part, je n'avais rien oublié de l'attitude que Jean-François Lisée avait adoptée à mon égard avant le début de la négociation. Il ne m'impressionnait guère.

Nous étions donc, les gens du Bloc et de l'ADQ, du même avis. Il n'était pas question pour nous de continuer avec Lisée. Un soir, après une rencontre au cours de laquelle Jean-François Lisée nous avait présenté un autre de ses étonnants numéros oratoires, j'ai dit à Jean Royer que nous ne voulions plus rien savoir de Lisée en matière de stratégie et que, personnellement, j'en avais ras le bol. D'après ce que j'ai su, Jean-François Lisée s'est fait passer tout un savon à la suite de cette conversation. Il m'a même appelé pour me dire qu'il ne comprenait pas ce qui s'était passé, et promettait par ailleurs de faire plus attention à l'avenir. À partir de ce moment, en effet, le conseiller du premier ministre Parizeau a changé d'attitude. Il est devenu beaucoup moins fonceur.

La marmite a tout de même explosé, un jour de juin, alors que les trois chefs se réunissaient au cabinet du premier ministre, à Montréal, afin d'annoncer leur projet d'entente. Les médias savaient qu'il se tramait quelque chose entre les trois partis politiques, et la rencontre avait donné lieu à l'un des «photo op*» les plus importants qu'il m'ait été donné de voir. Avant que les chefs s'installent pour finaliser les négociations, Gilbert Charland, Jean-François Lisée, Jean Royer et moi-même nous sommes réunis dans le bureau du premier ministre. Nous évoquions divers scénarios et discutions de la stratégie à adopter pour la suite des événements, lorsque Jean-François Lisée y est encore allé de commentaires franchement décevants.

«Jean-François, tu vas cesser de te mêler de stratégie, parce que tu es à côté de la *track*. La rédaction, c'est ton

---

* Séance de photographie.

domaine, alors contente-toi d'écrire. Pour la stratégie, tu es zéro.»

Je lui avais fait cette remarque directement, comme ça, sur un ton qui ne traduisait aucune colère. Nous nous sommes ensuite quittés là-dessus et Jean-François Lisée a refréné ses ardeurs de stratège jusqu'au terme du marathon.

Les négociations ont pris fin quelques jours plus tard, sans que nous ayons été capables de désigner un négociateur en chef. En fait, l'ADQ était la seule formation politique à proposer Lucien Bouchard pour ce poste. Jacques Parizeau ne voulait absolument pas confier cette responsabilité à M. Bouchard, tandis que ce dernier semblait avoir flairé le piège. Lucien Bouchard refusait même d'engager des discussions à ce sujet. Nous avons donc contourné cette impasse en nous disant que rien ne nous obligeait à nommer le négociateur en chef avant le référendum. Il a été convenu, les trois partis s'entendant sur le principe, que le choix du négociateur en chef et des membres du comité d'orientation et de surveillance pouvait attendre. C'est là-dessus que les discussions ont pris fin. L'entente était scellée.

Comme l'ADQ avait obtenu tout ce qu'elle voulait, il était désormais presque impossible de reculer et de refuser de signer l'entente. Mais une sorte de malaise ou de crainte subsistait au sein du parti. Cette situation a créé des froids entre plusieurs personnes, mais la quasi-totalité s'est rangée derrière Mario Dumont, et l'ADQ est devenue partie intégrante du camp du changement.

Au-delà du contenu et de l'aboutissement de cette entente, la chose qui m'a le plus étonné à l'époque, c'est qu'aucun journaliste ne savait que des négociations se déroulaient dans le but d'en arriver à une entente tripartite. Les gens en ont entendu parler pour la première fois quand nous avons souhaité qu'il en soit ainsi, c'est-à-dire au début du mois de juin 1995. Un autre aspect très particulier est que tous les acteurs impliqués dans la négociation, qu'ils soient du Bloc, du PQ ou de l'ADQ, avaient peur que l'entente ne finisse par s'écrouler.

Chacun craignait tellement d'être responsable de l'échec des pourparlers qu'il n'osait en toucher mot à qui que ce soit.

Une fois l'affaire annoncée, les trois partis ont indiqué qu'ils allaient consulter leurs instances décisionnaires au cours du week-end. Le PQ et le Bloc ont tenu des congrès spéciaux, tandis que, à l'ADQ, il nous a fallu improviser un peu parce que nous n'avions pas d'instances dignes de ce nom dans les 125 circonscriptions. Au total, nous pouvions miser sur seulement 20 ou 25 organisations de circonscription, et pour être un tant soit peu crédibles, il nous fallait réunir 200 personnes de toutes les régions du Québec. Il nous fallait aussi inventer pour ces gens un statut quelconque afin de pouvoir les qualifier de délégués. Évidemment, l'entente fut entérinée très majoritairement par les 200 membres que nous avions choisis. Seulement deux des personnes présentes à ce congrès spécial tenu à Sherbrooke ont rejeté la coalition PQ-BQ-ADQ.

La cérémonie soulignant la signature de la désormais célèbre entente* du 12 juin 1995 s'est déroulée à Québec, au Château Frontenac. Gilbert Charland, Jean Royer, Jean-François Lisée et moi-même avions des missions bien spéciales ce jour-là. Nous devions nous assurer qu'il n'y ait ni bavure ni confusion quant au contenu de l'entente. Symboliquement, nous avons aussi fait en sorte que les négociateurs soient parties prenantes à la cérémonie de signature.

Par la suite, nous nous sommes réunis dans un petit salon du Château Frontenac, en compagnie de Jacques Parizeau, Lucien Bouchard et Mario Dumont. Visiblement heureux, le premier ministre avait commandé du champagne pour célébrer ce moment historique. Un photographe de la Presse Canadienne fut autorisé à entrer pour quelques minutes. Il eut l'occasion de prendre des clichés avant que le champagne arrive, puis pendant que le champagne coulait.

* Voir le texte en annexe.

«Ces photos-là, tu les donnes au cabinet du premier ministre. Il faut qu'elles servent uniquement à titre de souvenir personnel», avons-nous signalé au photographe.

Nous étions d'avis que les photographies prises pendant qu'on sablait le champagne auraient pu porter atteinte à l'image. C'est ce qui explique que le public n'a jamais pu voir ces fameuses photographies. Les photos sur lesquelles on nous voyait sans le champagne ont peut-être été publiées. Mais au moment de déguster le divin nectar, jamais! Il ne fallait surtout pas qu'une telle image soit diffusée.

Ces moments de réjouissances ont cependant été de courte durée. Les bulles du champagne étaient à peine évaporées qu'il nous fallait retourner à la table de travail, pour préparer le référendum cette fois. Quelques jours plus tard, nous nous sommes donc retrouvés pour élaborer le thème de la campagne. C'est à ce moment-là qu'a surgi l'idée d'appeler la coalition souverainiste «le camp du changement». Si mon souvenir est bon, il s'agissait d'une idée conjointe des bloquistes et de Jean-François Lisée.

Les discussions se poursuivaient entre les trois formations politiques quant aux stratégies à adopter et à la façon de présenter divers événements. D'ailleurs, l'un des projets proposés par le Parti Québécois, la cérémonie de dévoilement du préambule de la déclaration de souveraineté, avait été refusé tant par le Bloc que par l'ADQ. Nous étions tout à fait contre cette action. Celle-ci, à notre avis, était superflue et bien inutile. Malgré l'opposition du BQ et de l'ADQ, le premier ministre a quand même réalisé son projet, et la cérémonie a eu lieu avec grand faste, en présence du gratin péquiste, des Partenaires pour la souveraineté et des militants, au Grand Théâtre de Québec. L'absence de Mario Dumont et de Lucien Bouchard à cet événement fut évidemment notée par les médias. Jusqu'à la fin, les péquistes ont tenté de nous convaincre d'assister à cette parade. Cet épisode m'a d'ailleurs valu un autre accrochage avec Jean-François Lisée, qui avait ajouté un drôle de post-scriptum à son invitation:

Québec, le 28 août 1995

Cher André,

Il me fait plaisir au nom du Premier ministre du Québec, M. Jacques Parizeau, de t'inviter, toi et tous les autres membres du cabinet de M. Mario Dumont, le mercredi 6 septembre 1995 à 14 heures au Grand Théâtre de Québec, moment où le préambule sera dévoilé pour la première fois.

En espérant vous rencontrer le 6 septembre prochain, veuillez accepter, Monsieur, l'expression de mes sentiments les meilleurs.

Amicalement,

Jean-François Lisée

P.-S. – Vous auriez même le droit de ne pas applaudir!

En lisant le post-scriptum, je n'avais pu m'empêcher de me dire que Jean-François, décidément, avait parfois le don d'être ridicule...

Malgré ces désaccords négligeables entre les trois partis, les chefs délibéraient sur le comité d'orientation et de surveillance, sur l'identité du négociateur en chef, sur la question référendaire, sur la date du référendum ainsi que sur la stratégie préréférendaire et référendaire.

Nous étions donc arrivés à l'étape des discussions vraiment sérieuses, mais à l'ADQ, nous recommencions encore une fois à nous chicaner à l'interne pour toutes sortes de niaiseries. Mario Dumont ne voulait pas être vu sur la même scène que Jacques Parizeau, et Jean Allaire ne souhaitait pas faire partie du comité d'orientation et de surveillance. Tous deux se montraient encore très réticents par rapport à M. Parizeau. Ils tenaient à ce que l'ADQ mène une campagne référendaire indépendante de celle du PQ et du Bloc. Il a donc fallu que je négocie l'octroi d'un montant d'argent à l'ADQ par le comité parapluie du Oui. Mario Dumont et Jean Allaire souhaitaient que l'ADQ dirige ses propres bureaux de campagne. Je m'opposais à cette stratégie, mais je fus incapable d'infléchir le vote au sein de l'exécutif.

L'ADQ demandait 800 800 $, somme que je trouvais ridiculement élevée, tout comme les gens du PQ d'ailleurs. Le directeur général de l'ADQ, Jacques Hébert, est ensuite revenu à la charge avec des demandes de 427 500 $, 344 300 $ et 288 538,18 $, pour finalement obtenir quelque 200 000 $. Cette démarche ne faisait pas très sérieux. Mais pour l'ADQ, cette somme était suffisante. Les membres de l'exécutif exigeaient toutefois 10 000 $ de plus. Aux grands maux les grands remèdes, j'ai téléphoné à Jean Royer pour tenter de trouver une solution, mais ces caprices de l'exécutif de l'ADQ étaient loin de me plaire.

«Au lieu de perdre du temps avec ces niaiseries, est-ce que tu ne pourrais pas me trouver quelqu'un qui pourrait facilement nous dénicher 10 000 $?» lui avais-je demandé.

Mon idée était la suivante: les dons n'auraient qu'à être acheminés vers la caisse de l'ADQ pour la campagne préréférendaire. Ainsi, nous gagnerions du temps sans avoir à comptabiliser l'argent dans les dépenses référendaires du camp du Oui. Jean Royer m'a donc mis en contact avec Rodrigue Biron, que j'ai rencontré chez lui à Québec et à qui j'ai fait part de nos besoins financiers. L'affaire a ensuite été traitée par le directeur général de l'ADQ et, une ou deux semaines plus tard, les 10 000 $ étaient dans nos coffres. En dépit de la loi sur le financement des partis politiques se trouvaient parmi les donateurs des individus qui avaient servi de prête-noms à des entreprises, comme c'est souvent le cas.

Peu avant le déclenchement de la campagne référendaire, je me suis vu affecter au bureau de direction de la campagne, qui était en fait le véritable comité de stratégie du camp du Oui. Le bureau de direction était essentiellement composé de six personnes, soit Jacques Parizeau, Lucien Bouchard, Mario Dumont, Jean Royer, Gilbert Charland et moi-même.

Nous avons aussi créé le Comité national pour le Oui, qui a tenu une rencontre de quelques heures avec les Partenaires pour la souveraineté. Nous leur avons expliqué comment les choses allaient se dérouler, et ils ont compris très rapidement qu'ils n'avaient pas beaucoup de pouvoir et que les décisions se prenaient à un autre niveau.

Au quotidien, ma présence au sein du comité de stratégie de la campagne signifiait que Gilbert Charland, Jean Royer et moi devions nous parler chaque matin vers 6 h 30. Ces conférences téléphoniques ont débuté avant la campagne et se sont poursuivies pendant toute la durée de celle-ci. Tous les trois, nous faisions le point sur les événements de la veille et sur les réactions des médias, pour ensuite établir les lignes de communication devant être reprises par les représentants du Oui au cours de la journée. Jean Royer se consacrait à cette tâche tout en étant responsable du bureau du premier ministre, tandis que Gilbert Charland était très peu présent à Montréal parce que les affaires du Bloc le retenaient à Ottawa. Tous les trois, nous avions la responsabilité de diffuser de manière uniforme le message souverainiste à l'échelle du Québec. Nous devions nous assurer que tous les porte-parole du Oui – et il y en avait un nombre considérable – tiennent le même discours. Bien sûr, les trois chefs parlaient à différents endroits, mais tous les porte-parole, qu'ils soient dans l'autobus du Oui ou qu'ils participent à un autre événement de moindre envergure, devaient adapter leur discours aux déclarations des trois chefs.

La journée commencée, mon travail auprès des médias n'était pas uniquement de parler aux journalistes pour faire du «spin» (qui consiste à faire passer un message aux journalistes afin qu'il soit diffusé), mais aussi de faire le lien entre les chefs et les journalistes et de m'assurer que chaque représentant des médias puisse rapidement prendre connaissance de tout ce qui provenait des chefs. Cela se faisait assez discrètement, mais il fallait que je m'organise pour que toute déclaration importante soit reprise par le plus grand nombre de journalistes. Je devais aussi porter à leur connaissance les déclarations malheureuses ou embarrassantes des leaders fédéralistes. Enfin, il importait de nous assurer que tout le monde suive les mêmes lignes, autant les Partenaires pour la souveraineté que les militants ou les présidents des comités régionaux du Oui.

Une fois la machine rodée, les choses allaient assez rondement. Mais la situation a été plutôt catastrophique pendant la première semaine de la campagne. Au départ, notre comité de communication était géré par Marielle Séguin, la directrice des communications au cabinet du premier ministre. Elle dirigeait le travail d' Yves Dupré, de BDDS Communication, et d'un certain nombre de grands spécialistes rassemblés sous le nom de Groupe de communication Ouï Dire. Ce groupe réunissait des personnes issues de firmes reconnues et qui avaient conçu de grandes campagnes publicitaires. Malgré tout, nous n'étions pas satisfaits du travail accompli jusque-là. Nous avions à quelques reprises adressé des demandes bien précises à la directrice des communications, qui les avait carrément ignorées.

Les choses allaient tellement mal que j'ai incité Jean Royer à s'en mêler. Il est intervenu, on lui a promis que cela s'améliorerait. Mais peu après, au cours d'une réunion à laquelle participaient les trois chefs, nous avons constaté de nouveau que cela n'allait pas du tout. Et encore une fois, j'ai fait une sortie en règle contre Marielle Séguin. Le premier ministre, qui observait la scène, a mis son poing sur la table.

«Vous allez me changer tous les gens qui s'occupent des communications», a-t-il tranché.

Quelques heures plus tard, le personnel des communications était remplacé, mais avec grand tact. Les personnes qui étaient mises de côté restaient en place, mais disons qu'elles étaient désormais au service d'autres personnes. C'est Claude Plante qui fut appelé à faire le ménage et à

reprendre la situation en main. Ce dernier était un collaborateur de Pauline Marois.

Une autre difficulté que nous avons éprouvée concernait le bureau de direction technique de la campagne, au
sein duquel siégeaient environ 25 personnes, mais qui donnait bien peu de résultats. Les gens y discutaient pendant des
heures sans prendre de décision. Les membres du bureau de
direction technique se rencontraient au local du Parti Québécois. C'est à cet endroit que, la plupart du temps, se réunissaient les nombreux autres comités chargés de l'organisation
de la campagne. Il était évident que les directives des chefs,
transmises à Normand Brouillette (directeur de campagne),
Monique Simard (directrice générale du PQ) et Marielle
Séguin (directrice des communications) n'étaient pas transmises correctement au bureau de direction technique.

Bref, cela ne roulait pas comme nous (PQ-BQ-ADQ) le
voulions, de sorte que nous avons finalement décidé de passer
par-dessus ce comité. Les membres continuaient à se réunir et
à discuter, mais on leur envoyait des gens pour prendre de l'information ou leur préciser la direction du navire. Ces démêlés
avec le comité de direction technique étaient symptomatiques
du désordre qui régnait dans le camp du Oui au début de la
campagne.

Les choses étaient si mal engagées qu'il avait fallu intervenir auprès de Jean Royer pour faire écarter le directeur de l'organisation de la campagne, Normand Brouillette. Ce dernier
était incapable d'être directif et rapide. Ses réflexes politiques
semblaient très mal aiguisés. On avait constaté que tout allait
de travers parce qu'il se faisait mener par tout le monde et ne
dirigeait personne. Peut-être y avait-il confusion des rôles à la
direction de la campagne? Par le passé, Normand Brouillette
avait été un subalterne de Monique Simard, alors que celle-ci
remplissait les fonctions de vice-présidente à la CSN. Lui était
le bras droit de Gérald Larose à la CSN.

J'ai donc conseillé à Jean Royer de prendre la direction
de la campagne, mais ce dernier m'a répondu qu'un tel geste

était techniquement impossible. Royer avait raison. Médiatiquement parlant, il aurait été catastrophique de renvoyer le directeur de campagne. Les journalistes en auraient fait leurs choux gras. Il a alors été convenu de créer un autre comité de campagne – dont Jean Royer deviendrait le président – qui serait chargé de superviser le travail de Normand Brouillette.

À mon humble avis, ce fut un fait saillant de la campagne. D'un seul coup, Normand Brouillette devenait un exécutant par rapport à Jean Royer. Monique Simard a aussi été placée sur une voie de garage; elle était visiblement dépassée par le rythme de la campagne référendaire. Mme Simard a donc été renvoyée sur le terrain pour prononcer des discours. Il ne restait que trois semaines de campagne quand Jean Royer en a pris la direction et que Guy Chevrette est arrivé aux commandes de la machine péquiste pour remplacer Monique Simard. C'est à partir de ce moment que la machine souverainiste s'est mise à bouger et à déplacer beaucoup plus d'air.

Outre ces sérieux problèmes d'organisation, la précampagne souverainiste souffrait d'un autre mal dont elle avait beaucoup de difficulté à se débarrasser: le fiasco des études du ministre Richard Le Hir.

Ce dernier jouissait d'une bonne réputation avant de passer dans l'arène politique, car il s'était illustré de belle façon à la tête de l'Association des manufacturiers du Québec. Mais force est d'admettre que sa façon de diriger le dossier des études sur la souveraineté fut une catastrophe sur toute la ligne.

Posté derrière le siège du président de l'Assemblée nationale, j'ai souvent assisté aux débats sur cette question, et les libéraux s'en donnaient à cœur joie. À chaque question de l'opposition, Richard Le Hir se levait pour encaisser une raclée. Et à la question suivante, comme un vrai poussah*, il se relevait pour en recevoir une autre.

---

* Jouet gonflable dont la base lestée le ramène à la position verticale lorsqu'on le bascule.

Le type avait beau se défendre mal, il n'en était pas moins odieux de constater à quel point il était laissé à lui-même. Son personnel n'était jamais là pour le soutenir ou le conseiller, et personne au sein du PQ ne semblait vouloir l'aider à sortir la tête de l'eau. Le Hir avait en main de très bonnes études et de très bons documents, mais il était incapable de les livrer, tout simplement. Si un politicien aguerri, de la trempe de Bernard Landry, avait été chargé de cet important dossier, les choses se seraient certainement passées très différemment, et cela aurait sans doute eu une incidence sur le résultat final du référendum.

Par souci de justesse, il faudrait aussi rappeler que l'ADQ avait plusieurs fois mis du sable dans l'engrenage avant que la campagne finisse par décoller. Tous ceux et celles qui grenouillaient au sein du parti pour nous empêcher de rejoindre les rangs du camp du Oui étaient «demeurés dans le portrait». Sous prétexte de me venir en aide, on avait demandé que le nouveau directeur général de l'ADQ, Jacques Hébert, m'accompagne aux réunions du comité de direction préparant la campagne. Le pauvre Hébert avait réussi à se faire détester en l'espace d'une rencontre. Ce comité se composait, entre autres, des deux plus hauts fonctionnaires du Québec, Michel Carpentier et Louis Bernard, ainsi que de Bob Dufour, Gilbert Charland, Pierre-Paul Roy, François Leblanc et moi-même.

Jacques Hébert avait perdu toute crédibilité au cours d'une réunion antérieure avec Bob Dufour et Monique Simard. Le but de cette réunion était de dresser une liste des envois postaux qui devaient être faits dans le cadre de la campagne du Oui. Hébert en avait profité pour faire état des besoins financiers de l'ADQ en vue de la campagne. Quand on lui avait demandé combien de membres comptait l'ADQ, il avait donné une réponse du genre «entre 0 et 100 000». Puis, au sujet du montant d'argent que l'ADQ réclamait, il avait répondu «entre 500 000 $ et 800 000 $». Spontané-ment, tout le monde avait pouffé de rire. On m'avait appelé par la suite pour me dire que ça n'avait pas de «maudite allure».

Cette situation était embarrassante, car nous étions vraiment en «mode souverainiste» durant cette période, et personne ne voulait être bloqué par quelqu'un qui pédalait constamment à reculons parce qu'il n'était pas d'accord avec le PQ et la démarche souverainiste. Pour éviter que Jacques Hébert n'incommode davantage nos partenaires, il fut convenu de l'évincer du comité... en m'évinçant moi-même. Peu de décisions étaient prises au sein de ce comité, de sorte que je ne m'y présentais que lorsque des points importants figuraient à l'ordre du jour. Comme l'ADQ se préparait à mener une campagne autonome, Jacques Hébert n'était plus mandaté pour faire partie de cette instance.

Après toutes ces tergiversations, une fois les thèmes et les créneaux de la campagne bien définis, nous avons été en mesure d'entrer de plain-pied dans la campagne. En fait, seuls de petits problèmes techniques subsistaient, parce que la campagne se faisait à trois chefs. Il avait déjà été établi que l'ADQ aurait sa propre caravane et mènerait sa campagne en marge de celle des deux autres chefs. Il ne restait donc qu'à faire coïncider l'horaire de Mario Dumont avec le leur, à l'occasion, pour qu'il soit à bord de l'autobus du camp du changement lors des grands événements.

Ces ajustements auraient été réussis sans problème si le chef de l'ADQ ne s'était pas, encore une fois, remis à faire des caprices. Il ne voulait absolument pas se retrouver sur les mêmes tribunes que Lucien Bouchard et Jacques Parizeau. À force de discussions, il a fini par se laisser convaincre d'être présent aux rassemblements auxquels les deux autres chefs assisteraient. Mais il refusait de s'adresser à la foule tout de suite avant ou immédiatement après M. Parizeau. Bref, Mario faisait des histoires pour des riens, au point de devenir, à mes yeux, un être tout à fait mesquin doté d'un *ego* disproportionné. Cette situation m'énervait vraiment beaucoup.

Les caprices de mon chef réveillaient dans ma mémoire une foule d'événements survenus au cours des mois précédents, et ma tolérance à l'endroit de ces enfantillages diminuait. Par exemple, ce jour où Mario avait assisté à la lecture, par Jacques Parizeau, de la question référendaire devant l'Assemblée nationale: tous les députés du Parti Québécois s'étaient levés pour applaudir le premier ministre, tandis que les libéraux étaient demeurés bien assis. Éternel indécis, Mario Dumont avait décidé d'applaudir, mais de rester sur son siège!

Pourtant, Jacques Parizeau n'avait pas hésité à quitter une réunion pour assister en Chambre à une intervention de Mario Dumont, simple député de Rivière-du-Loup, au sujet de la question référendaire. Le premier ministre s'était même levé pour l'applaudir. Par de simples gestes comme celui-là, et par d'autres (dont je parlerai plus loin), on pouvait voir à quel point M. Parizeau était un grand monsieur comparativement à un novice comme Mario Dumont.

Il ne s'agissait que de détails, mais de détails qui finissaient par irriter à la longue. C'en était quelquefois gênant d'entendre Lucien Bouchard saluer Mario et sa conjointe avec tous les égards devant les foules, tandis que Mario n'en avait que pour sa petite personne lorsqu'il se présentait devant les gens. Il n'était pas important pour lui de saluer M. Parizeau, M. Bouchard ou les dignitaires présents.

Pour en revenir à la campagne, il a fallu en définitive tenir compte des caprices de notre chef dans l'élaboration des horaires, avec pour résultat que, pendant toute la période référendaire, Mario Dumont n'est jamais monté seul sur la même tribune que Jacques Parizeau. Le seul tandem que les Québécois n'ont pas vu durant cette campagne fut le tandem Dumont-Parizeau. On pouvait voir le trio Bouchard-Parizeau-Dumont dans les grands rassemblements, et, en quelques occasions, on a assisté à des sorties du duo Bouchard-Dumont. Toutefois, le plus souvent, Mario travaillait seul de son côté.

Sans doute trop préoccupé par son horaire et celui des autres chefs, Mario avait par ailleurs omis de s'acquitter d'une tâche qui lui avait été confiée, c'est-à-dire d'assurer une place à M. Allaire au sein du comité d'orientation et de surveillance. Cette situation fut corrigée en début de campagne, au moment où nous avons commencé à dresser une liste de candidats qui semblaient intéressants du point de vue de l'ADQ. En plus de Jean Allaire, nous avions pensé, entre autres, à Claude Béland et à Serge Turgeon. D'ailleurs, Lucien Bouchard avait déjà rencontré M. Béland pour lui offrir le poste de négociateur en chef, mais le président du Mouvement Desjardins ne s'était pas montré intéressé. De mon côté, je penchais pour Jacinthe B. Simard, la présidente de l'Union des municipalités régionales de comtés du Québec (UMRCQ), pour le sénateur Arthur Tremblay, qui devait finalement accepter de faire partie du comité, ainsi que pour Jean Allaire.

Cette question étant en voie d'être réglée, il ne restait plus qu'à dénicher un négociateur en chef. Le Bloc et le PQ s'entendaient sur un point: Jacques Parizeau ne voulait pas voir Lucien Bouchard jouer ce rôle, tandis que le chef du Bloc refusait même d'envisager cette option.

À quelques jours d'un événement majeur à l'Université de Montréal, après un début de campagne peu reluisant, nous nous sommes cependant retrouvés dans une position où nous avions besoin de frapper un grand coup. La campagne du Oui avait besoin d'un second souffle pour décoller. Bref, très peu de temps avant la tenue de cet événement, Jean Royer m'a téléphoné.

«Bonne nouvelle! M. Parizeau vient d'accepter ta proposition, M. Bouchard pourra être le négociateur en chef. On va l'annoncer en fin de semaine si M. Bouchard est d'accord.»

Il s'agissait donc d'une moitié de bonne nouvelle, parce qu'il restait à convaincre Lucien Bouchard. Nous trouvions cependant espoir dans le fait que le chef du Bloc était un peu coincé, engagé jusqu'au cou dans la campagne référendaire. Son chef de cabinet, Gilbert Charland, et quelques autres de ses conseillers n'avaient plus qu'à lui forcer un peu la main.

Dès le début, j'avais abordé ce sujet en présence de M. Bouchard, qui n'avait pas montré beaucoup d'intérêt pour le poste. Peu après, Pierre-Paul Roy m'avait téléphoné pour me demander de ne plus parler de cela. Même si les conseillers de Lucien Bouchard estimaient que la suggestion de lui confier le poste de négociateur en chef était bonne, le principal intéressé n'était pas d'accord et ne voulait plus en entendre parler.

On se retrouvait donc, en définitive, dans la délicate situation où M. Parizeau demandait à M. Bouchard de devenir négociateur en chef. Il aura fallu plusieurs manigances pour obtenir de Lucien Bouchard une réponse positive. Ce dernier avait finalement accepté cette lourde responsabilité après s'être entretenu avec le premier ministre. Il fut convenu d'annoncer cette nouvelle le samedi 7 octobre, à l'Université de Montréal. Plusieurs observateurs, commentateurs et acteurs de la scène politique ont plus tard constaté que cette nomination a marqué le point tournant de la campagne du camp du Oui.

Le vendredi 6 octobre, vingt-quatre heures avant l'annonce de la nomination du négociateur en chef, Jacques Parizeau dévoilait en conférence de presse, à Drummondville, les noms des cinq membres du comité d'orientation et de surveillance: Denise Verreault (du Groupe maritime Verreault), Jacinthe B. Simard (présidente de l'UMRCQ), Serge Racine (p.-d.g. de Shermag), l'ex-sénateur Arthur Tremblay et Jean Allaire. Les trois chefs, dans un souci de transparence et de maintien de la solidarité québécoise au lendemain d'un Oui, avaient décidé de laisser un ou deux sièges vacants, pour les offrir plus tard à des personnes choisies par l'opposition libérale québécoise.

Cette conférence de presse devait bien sûr réunir tous ceux qui avaient accepté l'invitation du premier ministre à siéger au sein du comité, ce qui devait provoquer une autre crise surréaliste à l'ADQ à propos de vétilles. Jean Allaire refusait d'assister à cette conférence de presse parce qu'il ne voulait pas prendre place à la même table que Jacques Parizeau! Comble d'incohérence, M. Allaire avait donné quelques jours auparavant une entrevue dans laquelle il avait, en dépit de leurs divergences d'opinion, présenté Jacques Parizeau comme un homme intègre. Bon gré mal gré, M. Allaire finit par accepter l'invitation du premier ministre. Pour le convaincre, il avait fallu s'assurer que sa chaise ne soit pas voisine de celle de Jacques Parizeau, et aussi lui organiser un point de presse personnel après la conférence de presse principale.

J'ai souvent répété que, à l'ADQ, j'avais perdu plus de temps à gérer des crises de ce genre qu'à accomplir toute autre tâche. Il s'ensuivait que nous faisions souvent les choses à moitié, parce que l'ADQ réunissait plein de gens qui se disaient en faveur du Oui, mais du bout des lèvres. Et surtout, ces personnes ne voulaient pas s'afficher comme souverainistes. Avec Jean Allaire en particulier, c'était une guerre de tous les instants. En plus d'avoir chaque jour des choses à gagner du côté du comité du Oui, à négocier avec le Bloc et avec le PQ, il fallait toujours pousser au sein de l'ADQ, qui n'en finissait jamais de traîner la patte.

Quoi qu'il en soit des états d'âme de Jean Allaire, une réunion des membres du comité d'orientation et de surveillance qui avait eu lieu peu avant la conférence de presse m'avait permis de vivre des moments privilégiés et mémorables. Bien sûr, c'était moi qui avais proposé Lucien Bouchard pour le poste de négociateur en chef et qui avais suggéré la création du comité de surveillance et d'orientation. Mais ce n'était pas l'aboutissement de ce projet qui m'avait frappé. C'était plutôt la découverte d'une facette méconnue de Jacques Parizeau. Loin des micros, le premier ministre avait convoqué les cinq membres du comité d'orientation et de surveillance. C'est à ce moment qu'il leur avait soumis le nom de Lucien Bouchard pour le poste de négociateur en chef. J'assistais à cette rencontre en compagnie d'Éric Bédard, l'un des conseillers du bureau du premier ministre.

«Vous savez, en vertu des pouvoirs qui lui sont conférés, un premier ministre a la capacité de réaliser ou de modifier un grand nombre de choses. Jusqu'à présent, j'ai accepté beaucoup de suggestions qui ne me semblaient pas *a priori* souhaitables ou nécessaires au moment de l'élaboration de l'entente tripartite. Lorsqu'on m'a proposé le comité d'orientation et de surveillance, j'ai aussi été un peu embêté. Mais je dois vous dire qu'étant donné la façon dont les choses ont avancé, dans l'intérêt du Québec et afin que nous obtenions un référendum gagnant, je me suis laissé convaincre. J'ai aussi compris ce que des personnes m'ont dit [il me visait personnellement, parce que nous avions abordé ce sujet lors d'une rencontre précédente], à savoir que je ne suis pas l'homme politique le plus populaire du Québec. On m'a dit que certaines personnes, par manque de confiance envers moi, pourraient avoir besoin de se rattacher à quelque chose ou à quelqu'un d'autre pour dire Oui à la souveraineté. Ce sera donc votre rôle. Vous devrez me surveiller et surveiller le négociateur en chef, et faire en sorte que la population puisse dire qu'il y a, en plus d'un premier ministre, d'un gouvernement et d'un négociateur en chef, des hommes et des femmes qui surveillent leurs intérêts», a déclaré M. Parizeau.

Et du même élan, il leur a proposé Lucien Bouchard à titre de négociateur en chef. C'est à ce moment-là que j'ai constaté que cet homme avait un sens profond de l'humilité et qu'il était prêt à faire tout ce qu'il fallait pour gagner le référendum, tout ce qu'il fallait pour le Québec. Un homme de cette stature a aussi, bien sûr, des faiblesses. Et l'une des plus grandes faiblesses de M. Parizeau, je crois, est de ne pas projeter l'image de ce qu'il est vraiment. Je me souviendrai longtemps de cette journée, parce que le premier ministre a fait preuve de grandeur. Il aurait pu se contenter de dire: «Voilà, nous avons besoin d'un comité d'orientation et de surveillance, je vous ai demandé d'en faire partie, nous sommes ici aujourd'hui pour l'annoncer et les choses se dérouleront de telle ou telle façon.» Il aurait pu agir ainsi, mais il ne l'a pas fait.

Au début de la rencontre, Arthur Tremblay et Serge Racine se sont opposés à la nomination de Lucien Bouchard. Ils soutenaient que, Lucien Bouchard étant un souverainiste affiché, il serait peut-être préférable de se tourner vers un négociateur qui ne soit pas déjà impliqué en politique. Là encore, M. Parizeau a réussi à les convaincre en leur expliquant que Lucien Bouchard était beaucoup plus populaire que lui et qu'il était l'homme de la situation. Le premier ministre aurait simplement pu annoncer la nomination de M. Bouchard comme un fait accompli, mais il a pris la peine de discuter avec les membres du comité afin de leur expliquer les conséquences de cette décision. Jean Allaire, bien sûr, assistait aussi à cette rencontre, qui fut sans doute l'un des plus beaux moments de la campagne en matière d'intégrité.

En cela – et c'est une opinion bien personnelle –, je trouvais que Jacques Parizeau se démarquait de Lucien Bouchard et de Mario Dumont qui donnent souvent l'impression de tomber dans les pires travers de la politique. M. Bouchard aimait manœuvrer dans les coulisses, tandis que Mario était devenu fort mesquin. Pourtant, ne doit-on pas faire de la politique d'abord parce qu'on a une cause à défendre?

Dans les années 80, au Parti Québécois, je m'étais rendu compte que, chez certains, il arrive que l'*ego* prenne le dessus sur la cause. Les politiciens atteints de ce mal deviennent tout simplement mauvais pour la population et, dans ces cas-là, les règles du jeu sont complètement faussées. Faut-il considérer sous cet éclairage le profil de carrière de Lucien Bouchard, qui est passé du fédéralisme au mouvement souverainiste en 1980, pour ensuite revenir dans le camp fédéraliste à titre d'ambassadeur du Canada, et effectuer un saut chez les conservateurs de son ami Brian Mulroney... avant de retourner dans le camp souverainiste?

Du côté de Mario Dumont, le tableau est un peu le même. Sa motivation, c'est le show. Défendre des causes, c'est bon pour l'image. À titre d'anecdote, juste pour illustrer jusqu'où était prêt à aller Mario pour se donner en spectacle, je relaterai ici un événement survenu quelques mois avant le référendum, au cours du tournage de la populaire émission *Surprise sur prise*.

Depuis son élection, Mario était régulièrement sollicité par les médias. Nombre d'émissions de radio et de télévision formulaient des demandes afin de l'accueillir en studio. Cette popularité lui avait valu, entre autres choses, des participations au *Bye Bye* de 1994, ainsi qu'au spectacle d'André-Philippe Gagnon, dans lequel il apparaissait tous les soirs grâce à la magie de la vidéo.

Même s'il semblait souvent mal à l'aise à la télévision, en règle générale, Mario se tirait assez bien d'affaire, et cela contribuait à accroître sa popularité. Sa meilleure performance de comédien, il l'a cependant livrée dans le cadre de l'émission de *Surprise sur prise*. Sans sourciller, il a su mentir devant plus d'un million de téléspectateurs.

Pendant l'été 1995, des membres de l'équipe de *Surprise sur prise* m'avaient approché pour savoir si je voulais faire piéger Mario à leur émission de caméra cachée. J'avais accepté de devenir leur complice, sauf que, pour mettre un peu de piquant et faire connaître davantage mon chef, je l'avais prévenu des intentions de Marcel Béliveau et de son équipe.

En gros, le scénario élaboré pour le gag était le suivant: pendant que nous assisterions à une vente aux enchères au petit aéroport de Joliette, un ami de Mario Dumont (et complice de Marcel Béliveau) allait se payer une escapade imprévue aux commandes d'un avion. Une fois ce complice envolé, on allait demander à Mario de raisonner son ami et de le convaincre de revenir au sol.

En racontant tout à Mario, mon idée n'était pas de gâcher la fête, mais plutôt de renverser les rôles et de piéger Marcel Béliveau, histoire de faire un petit coup d'éclat. Il fut donc convenu que Mario jouerait les innocents pendant le tournage du gag. Mais selon notre plan, l'enregistrement de l'émission en studio, plusieurs semaines plus tard, devait être des plus spectaculaires.

La veille du tournage du gag, nous avons donc enregistré sur bande vidéo un message dans lequel Mario Dumont disait être au courant du tour qu'on voulait lui jouer. Et l'on terminait par la phrase clé de l'émission: «Quoi qu'il arrive, gardez le sourire!» C'est le scénario que le chef de l'ADQ était censé révéler, quelques mois après le tournage, lors de son passage à l'émission.

Comme prévu, le tournage du gag a eu lieu en août 1995. Mais quand est venu le moment de l'enregistrement en studio, au début de 1996, j'avais quitté l'Action démocratique du Québec. J'ai cependant eu la surprise de constater que, lorsqu'il a été appelé à commenter le gag dont il avait prétendument été victime, Mario avait continué de jouer à celui qui s'était fait piéger, sans rien dévoiler à Marcel Béliveau.

Cette émission fut rediffusée nombre de fois. En la regardant, je me suis demandé: Est-ce parce qu'il mentait qu'il semblait plus à l'aise à *Surprise sur prise* que dans les autres émissions de télévision?

C'est sans doute pour cela que Jacques Parizeau me réconciliait quelque peu avec la politique. Il n'était pas fait de ce bois-là.

CHAPITRE IV

La performance magistrale de Lucien Bouchard a permis, en fin de compte, de cimenter les intérêts disparates des différents acteurs du camp du changement. Le 30 octobre 1995, jour du référendum, nous a tous fait vivre des heures de grande fébrilité, mais dès que les résultats ont été connus, les instincts primaires de la vie politique quotidienne ont vite repris le dessus.

L'ADQ avait installé son comité du Oui à l'Hôtel Delta de Montréal, tandis que le Bloc et le Parti Québécois avaient choisi de réunir leurs partisans au Palais des congrès de Montréal. Durant la journée, alors que la quasi-totalité des votants québécois rendaient leur verdict, Mario Dumont a exprimé le désir de ne prendre la parole que devant les siens et de ne pas se rendre au Palais des congrès en compagnie des deux autres chefs, en fin de soirée.

«C'est complètement insensé, ce que tu proposes. Quoi qu'il arrive, quels que soient les résultats, il faut absolument que tu sois au Palais des congrès», lui avais-je conseillé.

Au début de la soirée, les proches de Mario se sont réunis dans une suite de l'Hôtel Delta afin de prendre connaissance des résultats. Il y avait là, outre Mario, quelques membres du personnel de l'ADQ, Jean Allaire, sa femme, et moi-même.

Nous regardions tous la télé quand le résultat, telle une gifle, nous a frappés de plein fouet. Cependant, nous nous étions rendu compte que quelque chose clochait avant même que le résultat final soit connu. Depuis la fin de l'après-midi, en effet, nos communications avec Jean Royer avaient été interrompues. Gilbert Charland et moi-même avions constaté que Jean Royer ne nous avait pas rappelés.

Après l'annonce officielle du résultat, Mario Dumont est descendu prononcer un discours devant les militants de l'ADQ. Il s'est ensuite laissé convaincre de prendre le chemin du Palais des congrès, ce qu'il a fait en ma compagnie. Sur place, il était prévu qu'il aurait l'occasion de s'adresser brièvement aux militants du Bloc Québécois et du Parti Québécois. Les policiers de la Sûreté du Québec, qui avaient accompagné Mario toute la journée, nous attendaient à la sortie de l'hôtel. Escorté par les motards du service de police, le chauffeur nous a rapidement conduits au Palais des congrès.

C'est fou comme les alliances politiques peuvent se défaire rapidement. Arrivés au Palais des congrès, nous nous sommes aperçus que plusieurs personnes ne voulaient pas que Mario Dumont prenne la parole. Le Bloc était d'accord, mais le PQ voulait qu'on débarrasse le plancher et mettait tout en œuvre pour que Lucien Bouchard soit le seul à s'adresser aux militants avant le discours de Jacques Parizeau.

Le premier ministre se trouvait alors dans ses appartements, et M. Bouchard était dans les locaux du Bloc Québécois en compagnie de ses plus proches conseillers. Pendant ce temps, dans les coulisses, il régnait une tension palpable. Ce climat ne relevait pas simplement de la défaite référendaire. D'un seul coup, tout le monde semblait avoir compris que Lucien Bouchard n'avait plus besoin de Jacques Parizeau et que l'inverse était tout aussi vrai. De son côté, Mario Dumont recommençait à dire qu'il ne voulait plus être associé aux deux autres.

Conscients du malaise ambiant, nous avons décidé d'aller à la rencontre de Lucien Bouchard. Il avait quitté son local et nous l'avons croisé dans un corridor, entouré des hommes de la Sûreté du Québec.

Mario a suivi M. Bouchard près de la scène, sur laquelle sont montés le chef du Bloc et sa femme. Mario et sa conjointe se tenaient à côté de la scène et n'avaient pas été présentés à la foule. Puis Lucien Bouchard les a invités à le suivre sur la scène. C'est donc en retrait d'Audrey Best que Mario a écouté le discours de Lucien Bouchard.

M. Parizeau venait alors de quitter le local du PQ, puisque l'heure de prononcer son discours était arrivée. Nous savions qu'il s'en venait. Je me suis rendu auprès de l'animateur et du responsable technique de l'événement pour leur dire que c'était à Mario de parler.

«Ça ne figure pas du tout dans le scénario de l'événement», m'ont-ils répondu.

«Crisse, c'est à Mario de parler», ai-je protesté.

La défaite était déjà assez dure à avaler, il n'était pas question de nous laisser berner, en plus, par des mesquineries de ce genre. Finalement, Mario a pu s'adresser aux Québécois pendant quelques minutes.

En se retirant, Mario Dumont et Lucien Bouchard ont croisé Jacques Parizeau, qui marchait vers la scène d'un pas décidé. J'ai salué Jean-François Lisée, et M. Parizeau saluait les gens. Toutefois, ni le chef de l'ADQ ni le chef du Bloc ne lui ont adressé la parole, et j'ai trouvé cette attitude méprisante.

Nous avons finalement abouti dans les locaux du Bloc pour écouter le discours du premier ministre. J'étais en larmes à cause du résultat. Gilbert Charland et moi nous sommes donnés l'accolade, puis nous avons discuté avec les autres stratèges bloquistes, les Bob Dufour, François Leblanc, Pierre-Paul Roy et Charles Chevrette. L'un des frères de M. Bouchard était là, de même qu'Audrey Best et un ami de Lucien Bouchard. Nous tentions d'anticiper la suite des événements. Nous avions tous de la difficulté à accepter la défaite, mais, chacun à notre façon, nous disions qu'il fallait composer avec.

Quand M. Parizeau a commencé son allocution, tous se sont tus pour l'entendre. Et ce fut la catastrophe. «C'est vrai qu'on a été battus, au fond, par quoi? Par l'argent puis par des votes ethniques, essentiellement», a déclaré le premier ministre québécois. À partir de ce moment, la rupture a été complète. Lucien Bouchard et Mario Dumont, debout devant le téléviseur, ont alors tiré une salve de qualificatifs qui ne ménageaient en rien l'intégrité du premier ministre du Québec.

En somme, ce n'était pas très compliqué à comprendre. Leur réaction signifiait que, s'il y avait eu une victoire, il aurait fallu encenser M. Bouchard et Mario Dumont. Mais en cas de défaite, Jacques Parizeau devenait la victime toute désignée. Malheureusement, M. Parizeau venait de donner à ses «alliés» un argument massue qui leur permettait de le crucifier sans réserve. C'est ce qui s'est produit à l'interne, tandis qu'on a fait preuve d'un peu plus de retenue sur la place publique.

Légèrement incrédule, j'observais la scène en silence. Je comprenais fort bien que M. Parizeau n'avait pas aidé sa cause en y allant d'une telle déclaration, mais le spectacle qui se déroulait sous mes yeux démontrait hors de tout doute que la cause souverainiste était déjà bien loin dans les pensées de chacun. Oui, Jacques Parizeau venait de faire une déclaration malheureuse, mais il n'avait pas tort sur toute la ligne. Sans doute, le moment et la façon n'étaient pas bien choisis, et l'aigreur de ces propos n'avait d'égale que la douleur de la défaite. Ce n'était pas le moment de nous cracher les uns sur les autres pour une déplorable déclaration. C'était plutôt l'occasion de nous rappeler pourquoi les souverainistes étaient encore ensemble. En lieu et place, Lucien Bouchard et Jacques Parizeau se sont ignorés comme deux ennemis politiques.

Mario est ensuite rentré à l'Hôtel Delta, et je suis resté un peu au Palais des congrès pour saluer les gens du PQ et du Bloc. Après maintes rencontres et accolades, inconsolable, je suis rentré au Delta à mon tour. En chemin, j'ai vu défiler tous les efforts que nous avions déployés pour ce référendum. Pour ma part, ça faisait pratiquement un an et demi que je travaillais avec cet objectif en tête. Et je me disais que des millions de Québécois venaient de voir leur projet commun leur glisser entre les doigts.

En arrivant à l'Hôtel Delta, je suis tombé sur le directeur de l'ADQ, qui célébrait au champagne en compagnie de plusieurs de nos collaborateurs. D'après leur logique, il fallait boire les bouteilles puisqu'elles avaient été achetées. C'était donc la fête, et peu de personnes semblaient tristes. J'ai constaté avec stupeur que le côté fêtard que nous avions déjà reproché à nos jeunes collaborateurs était revenu au galop. Pour ces anciens de la Commission jeunesse du PLQ, la défaite référendaire était une occasion comme une autre de faire la fête. Quelques personnes ont alors commencé à régler les paris qu'elles avaient faits sur le résultat final du référendum. Pour le plaisir de la chose, nous nous étions constitué un pool. C'est à ce moment-là que j'ai appris que j'avais été l'un des rares à parier sur une victoire du Oui. Le référendum n'avait été pour la plupart qu'un simple match de hockey dont l'issue ne signifiait rien de particulier.

J'avais misé sur une majorité de plus ou moins 1 % ou 2 % en faveur du camp souverainiste, et le fait de voir que la majorité avait parié sur des résultats du genre 40 % ou 42 % pour le Oui m'a fait comprendre à quel point les gens de l'ADQ avaient été inconscients de nos chances de victoire. Ils étaient donc peu sensibilisés à l'importance de ce choix. En repensant à tous les débats internes que nous avions eus sur la nécessité de former une coalition avec le Bloc Québécois et le Parti Québécois, il apparaissait clair que bien peu d'adéquistes s'étaient laissé convaincre.

*

*   *

Le 31 octobre, Jacques Parizeau surprenait tout le Québec, et plus particulièrement les militants souverainistes, en tirant sa révérence au Salon rouge de l'Assemblée nationale. Avec le recul, on peut sans doute conclure que M. Parizeau a commis une erreur stratégique en omettant de mieux planifier la suite des événements en cas de défaite.

Pendant que le PQ encaissait le choc du départ de Jacques Parizeau, Mario Dumont, lui, s'était lancé dans une série de consultations téléphoniques, dans une tentative pour recentrer son message politique. L'un de ses conseillers du moment était l'animateur de radio Jean Lapierre. Le 1er novembre, Mario s'est dit prêt à convoquer une conférence de presse pour faire part de sa nouvelle position politique. Il fallait, selon lui, respecter le résultat référendaire, attendre les offres du fédéral et les évaluer.

D'un seul coup, nous replongions dans le discours qui dominait avant le congrès de fondation de l'ADQ. Mario voulait qu'on se remette à voguer sur le rapport Allaire, sur l'accord du lac Meech, sur «plus ou moins Meech».

«Pour moi, plus ou moins Meech, ça ne marche pas, parce que je suis un souverainiste. Ça fait des mois que je me débats, que j'argumente et que j'essaie de vous convaincre de ceci ou de cela. Vous avez fait une démarche difficile mais correcte, qui nous a amenés à conclure une entente autour d'un référendum sur la souveraineté. Nous nous sommes clairement affichés comme des souverainistes et il faut absolument continuer dans ce sens-là», ai-je répliqué sur un ton qui ne masquait pas mon insatisfaction, voire ma colère.

Je n'en revenais pas que Mario Dumont puisse une seconde penser à tout abandonner aussi facilement, après avoir contribué à faire voter 49,42 % des Québécois pour le Oui. Surtout qu'il savait fort bien que les offres du fédéral, comme celles du passé, risquaient de toute façon de mépriser le Québec encore une fois. Quelle était donc la logique qui l'animait?

«On n'a pas le droit de s'en aller chez nous sans rien faire, ai-je dit à Mario. Tu peux donner une conférence de presse si tu veux, mais moi, je ne me présenterai pas.»

Nous étions alors à Québec et j'ai rappelé à Mario que si je n'assistais pas à sa conférence de presse, les journalistes, avec qui j'avais vécu toute la campagne référendaire, allaient se poser un certain nombre de questions. J'ai donc exigé de connaître d'avance le contenu de sa conférence de presse, et Mario a tenté de corriger le tir.

«Je n'irai pas aussi loin. Je dirai qu'il faut respecter le choix des Québécois et qu'à partir de là, on va ouvrir le courrier en provenance d'Ottawa. Je n'irai pas plus loin», a-t-il assuré.

Cette idée ne me plaisait pas, mais en disant «on va ouvrir le courrier», Mario n'allait pas jusqu'à dire que les offres du fédéral pourraient être acceptables. Il ne disait pas non plus que le rapport Allaire pourrait l'être, ou quoi que ce soit d'autre. En me rendant à la conférence de presse en sa compagnie, j'avais peur qu'il n'aille plus loin, mais il est heureusement resté vague. Tellement vague, en fait, que même le doyen des journalistes de la tribune parlementaire – et ardent fédéraliste – Normand Girard, du *Journal de Montréal*, l'a «planté» ce jour-là. M. Girard lui a lancé en pleine conférence de presse: «Écoutez, monsieur Dumont, vous avez été souverainiste pendant toute la campagne, ce n'est pas maintenant que vous allez lâcher.» Nous avons tous souri, car pour la première fois, Normand Girard semblait faire une déclaration souverainiste. En revenant avec mon chef de cette conférence de presse, je n'ai pas mis de gants blancs pour lui parler.

«Mario, si j'étais journaliste, après t'avoir entendu interpréter la situation politique, mon *lead* serait qu' "en cette période d'Halloween, Mario Dumont revêt encore une fois son costume de couleuvre".»

Il savait donc tout à fait quel était mon état d'esprit. Et quand nous sommes revenus dans nos bureaux, l'atmosphère était assez froide. Le 7 novembre, six jours après ce point de presse, Mario a de nouveau convoqué les journalistes, à Montréal cette fois, en compagnie de Jean Allaire. Je n'avais pas été invité à cette deuxième occasion. Il est clair qu'on avait choisi Montréal dans le but d'éviter ma présence. Aux côtés de Jean Allaire, Mario est allé un peu plus loin, et je lui ai téléphoné pour lui dire que je n'étais pas du tout d'accord avec lui.

Comme des rumeurs persistantes laissaient croire que Lucien Bouchard était sur le point de passer au PQ, j'ai convaincu Mario de me permettre d'aller rencontrer les bloquistes à Ottawa avant qu'il n'entreprenne quoi que ce soit. Je voulais tâter le pouls de Lucien Bouchard et de Gilbert Charland, son chef de cabinet, histoire d'en savoir davantage sur leurs intentions et sur la suite des événements.

«Mario, je pense qu'il va falloir s'associer avec Lucien Bouchard. Je ne sais pas encore de quelle manière, peut-être en se joignant au PQ ou en trouvant le moyen de mettre sur pied une nouvelle formation politique, une nouvelle coalition. Il faut que toutes les avenues demeurent ouvertes, de façon à travailler dans le même sens que l'entente du 12 juin 1995, en faisant la promotion de la souveraineté et du partenariat. Il faut absolument que nous allions dans ce sens-là avec le plus large consensus possible. Ce n'est pas parce que nous avons perdu une bataille que la guerre est terminée», ai-je commenté.

Je ne sais pas sur quelle planète se trouvait Mario Dumont quand nous avons eu cette conversation, mais sa réponse a été: «Oui, tu peux aller à Ottawa. Vas-y et demande à Lucien Bouchard s'il est intéressé à venir à l'ADQ.»

Estomaqué par sa réplique, j'ai tenté de faire comprendre à Mario que ça n'avait aucun bon sens de demander à Lucien Bouchard de se joindre à l'ADQ et de se taper des sous-sols d'église, alors qu'on lui offrait, sur un plateau d'argent, la possibilité de devenir premier ministre du Québec. En fait, il était même ridicule de penser à lui faire une offre pareille.

Mario Dumont n'en démordait pourtant pas: «Il faudra qu'il vienne à l'ADQ, parce que moi, je n'irai jamais avec lui. C'est à Lucien Bouchard de venir avec nous.» Il ne précisait pas s'il acceptait de lui céder les commandes de l'ADQ. Il était simplement obstiné dans son refus de se rallier à Lucien Bouchard.

Le 2 novembre, chargé de transmettre cet incroyable message, je suis donc parti pour Ottawa. Le chef de cabinet de Lucien Bouchard, Gilbert Charland, m'a accueilli dans les bureaux du chef de l'opposition officielle. Nous avons d'abord discuté de l'actualité politique, qui était alors on ne peut plus fébrile. Je lui ai ensuite parlé de mon état d'esprit, de l'état de l'ADQ et de Mario Dumont. Je lui ai raconté comment se vivait à Québec la démission de M. Parizeau, et j'ai tenté d'en savoir davantage sur les visées politiques de M. Bouchard. Et puis, j'ai fait ce qu'on m'a demandé de faire.

«Avant d'aller plus loin, je dois te dire que j'ai une démarche officielle à faire. Je dois demander à M. Bouchard de venir nous rejoindre à l'ADQ», ai-je glissé dans la conversation.

Une fois le message transmis, j'ai confié à mon interlocuteur que je me retenais pour ne pas rire, mais que je devais accomplir mon travail, comme mon chef me l'avait demandé. Je lui ai demandé d'en glisser un mot à M. Bouchard, qui était en train de se préparer pour la période des questions.

Au bout d'un certain temps, M. Bouchard m'a fait venir dans son bureau. J'ai résumé tout ce que j'avais dit auparavant à Charland. J'ai conclu sur la tristesse des résultats référendaires, tout en le félicitant de sa performance au cours de la campagne. M. Bouchard m'a félicité à son tour, en ajoutant une série de compliments.

Je lui ai laissé entendre que je ne pourrais pas continuer à travailler encore très longtemps avec Mario Dumont dans le climat qui régnait à l'ADQ. Mario Dumont était alors sur le point de partir en vacances pour quelques semaines, et j'ai dit que j'attendais son retour avant de prendre une décision finale quant à mon avenir.

Le chef du Bloc a affirmé qu'il n'était pas encore résolu à accepter le poste de chef du Parti Québécois. Mais sa façon de le dire signifiait clairement «ma décision est prise». M. Bouchard a dit: «Je m'en vais bientôt en vacances et j'en parle avec Audrey.» Ces mots ont sonné à mes oreilles comme: «J'ai besoin de deux ou trois semaines pour convaincre Audrey» quand M. Bouchard m'a confié qu'il avait promis à sa femme de quitter la politique après le référendum et de retourner à la pratique privée du droit.

Nous avons continué à discuter un moment, puis M. Bouchard m'a complimenté de nouveau, sous le regard approbateur de son chef de cabinet.

«Tu sais, si jamais tu quittes Mario Dumont, tu as quelque chose avec nous. Que ce soit à Ottawa ou à Québec, tu as une *job* assurée. On a aimé ça, travailler avec toi. Tu es exactement le genre d'individu qu'il nous faut pour faire face aux événements à venir. Mais pour l'instant, je te recommande de rester avec Mario Dumont.»

Flatté par de tels propos, je leur ai promis de les tenir au courant de ma décision dès qu'elle serait prise, après mon retour de vacances. Et je suis retourné à Québec, où tout le monde attendait la réponse de M. Bouchard.

Dès mon arrivée, j'ai avisé Mario que Lucien Bouchard avait poliment refusé son offre de se joindre à l'ADQ. Mario est parti pour l'Europe, et j'ai poursuivi ma réflexion en discutant avec l'attaché politique Éric Montigny et l'attaché de presse Jean-Luc Benoît. Ils comprenaient tous les deux que j'étais sur le point de démissionner si rien ne changeait, et ils estimaient que la direction qu'avait prise Mario n'était pas la bonne.

Contrairement au reste des employés de l'ADQ, ces deux-là étaient plutôt déçus par la défaite référendaire, mais Mario étant pour eux un ami de longue date, ils souhaitaient rester auprès de lui. La perspective de se joindre au PQ ne leur souriait guère. Mais l'idée de rejoindre Lucien Bouchard, tous ensemble, leur semblait la seule option valable.

Pendant les vacances de Mario, nous étions très proches tous les trois. Nous tentions de planifier une intervention commune auprès de Mario. Cependant, je souhaitais aussi avoir un tête-à-tête avec ce dernier dès son retour. Je les savais déchirés par leur amitié pour Mario. Je leur ai donc annoncé que je quittais Mario Dumont pour me joindre à l'équipe souverainiste, ne serait-ce qu'à titre de militant. Je n'avais eu aucun autre contact avec M. Bouchard. Aucun autre emploi ne m'avait été formellement offert.

Le 24 novembre, Mario Dumont est revenu à l'Assemblée nationale. Il affichait une attitude très désinvolte. Il ne semblait pas disposé à parler de nos divergences quant à l'orientation du parti. Il faisait ce que j'appelais le «fanfant Mario», évitant chaque fois les vraies conversations en plaisantant sur tout.

À la fin de sa première journée de travail, je suis allé le trouver pour lui dire qu'il fallait qu'on se parle très sérieusement. Encore une fois, il a sauté sur le téléphone pour consulter Jean Lapierre et un certain nombre d'autres personnes. Et Lapierre lui a conseillé à ce moment-là, et ce n'était pas la première fois, de se méfier de Lucien Bouchard.

«Tu ne peux pas te joindre à Lucien Bouchard parce que ce n'est pas un gars fiable. Il va te "*crosser*"», l'a prévenu Lapierre.

En écoutant Mario Dumont me raconter cela, je ne pouvais m'empêcher de penser à toutes les fois que Lapierre s'était vanté en ondes d'être l'un des meilleurs amis de Lucien Bouchard. C'est d'ailleurs l'attitude que j'ai toujours déplorée chez lui, c'est-à-dire qu'il tape sur une personne pour se lier d'amitié avec une autre. J'ai souvent dit à Mario: «Si Lapierre est capable d'agir ainsi envers Lucien Bouchard, imagine-toi ce qu'il peut aussi faire contre toi.»

Jean-Luc Benoît, Éric Montigny et moi avons finalement obtenu notre rencontre avec Mario, qui tentait de jouer le dur à cuire.

«Tu m'as dit que Lucien Bouchard ne voulait pas venir à l'ADQ. Eh bien, je n'irai pas avec lui non plus, où que ce soit», a-t-il déclaré sur un ton ferme.

Je suis revenu à la charge en faisant valoir qu'il pourrait éventuellement demander une fonction à Lucien Bouchard. Mais Mario avait, comme toujours, une phobie irrationnelle du PQ. Il ne voulait pas entendre parler de ce parti politique ni de Lucien Bouchard. Il prétendait que Bouchard n'intégrerait pas le traité de partenariat au programme du PQ.

«Même Jacques Parizeau a convaincu ses militants d'adhérer à l'entente du 12 juin. Je ne vois pas pourquoi Lucien Bouchard refuserait d'inscrire ça dans le programme péquiste», lui ai-je répondu.

De toute évidence, cette discussion ne rimait à rien. Je ne comprenais pas pourquoi Mario apportait encore ce type d'arguments. Je lui ai dit que, à la limite, il pourrait tout simplement démissionner, se retirer dans ses terres ou aller étudier en Angleterre, comme il avait pensé le faire avant de se lancer en politique. Il était clair qu'il ne pouvait pas se permettre de continuer en cultivant l'ambiguïté dans laquelle il s'était toujours cantonné avant de prendre position pour le Oui.

Il fallait vraiment suivre Lucien Bouchard et lui donner une chance. En même temps, il fallait aller au PQ pour le surveiller, lui qui avait fait volte-face à plusieurs reprises par le passé. Je l'avais déjà dit lorsqu'il avait été question de lui donner le poste de négociateur en chef.

«Oui, Lucien Bouchard doit être là. Il faut le proposer parce qu'on aura un œil sur lui et qu'il aura un œil sur nous», disais-je à l'époque où M. Parizeau hésitait à placer le chef du Bloc à l'avant-scène.

C'est dans cet esprit qu'était né le comité d'orientation et de surveillance. Il fallait que tout le monde se surveille, pas question de donner un chèque en blanc à qui que ce soit.

J'ai donc avisé Mario que mon intention de quitter l'ADQ était assez claire. Je l'ai de nouveau exhorté à se retirer, à entrer au PQ avec Lucien Bouchard ou à demander un poste de président ou de vice-président de l'Assemblée nationale. Cette dernière option lui aurait permis d'être neutre et visible sans être considéré comme un élément péquiste, ce qui semblait l'effrayer par-dessus tout.

Mario s'entêtait. Éric Montigny et Jean-Luc Benoît lui ont aussi fait remarquer que sa nouvelle position n'avait pas d'allure, mais il n'en démordait pas. Je suis resté en tête-à-tête avec Mario et je lui ai remis la lettre de démission que j'avais préparée d'avance; je le connaissais assez pour savoir qu'il ne changerait pas d'avis là-dessus. Ma démission prenait effet immédiatement. Voici le texte de cette lettre:

Québec, le 24 novembre 1995

Cher Mario,

Par la présente, je te fais part que je quitte mes fonctions au cabinet et cesse toute implication à l'ADQ comme membre du parti et comme membre du comité constitutionnel. Je te serai également reconnaissant de bien vouloir aviser le directeur général des élections que je ne serai plus représentant de l'ADQ au comité consultatif.

Cette décision, aussi difficile soit-elle, est devenue nécessaire dans la conjoncture politique du Québec. Elle est en droite ligne avec l'esprit qui m'a toujours animé dans ce que je crois être l'intérêt du Québec, tout particulièrement depuis l'entente tripartite du 12 juin 1995.

Je désire te faire savoir que je me joindrai à l'équipe dirigée par M. Lucien Bouchard en espérant, et c'est là mon vœu le plus cher, que Mario Dumont fera de même très prochainement.

Je crois profondément que le Québec a besoin du plus grand rassemblement de forces vives pour se lever debout et enfin arriver à son réel rendez-vous.

Mario a signé les papiers attestant qu'il acceptait ma démission. J'ai ramassé mes affaires – j'avais même commencé à remplir des boîtes depuis deux jours –, et Mario a quitté les lieux. Je suis resté un peu avec Éric Montigny et Jean-Luc Benoît. Nous étions tristes tous les trois. Nous avons pleuré. Eux souhaitaient que je prenne un peu plus de temps pour réfléchir. Ils étaient incapables de quitter l'ADQ, à cause de leur amitié pour Mario. Je me suis retrouvé au bar Le Cosmos à prendre un repas avec Jean-Luc Benoît.

«Si Éric ne quitte pas l'ADQ, c'est parce que Mario est déjà en train de le récupérer. Moi, je vais tenir mon bout, mais Éric va flancher et rester avec Mario», m'a prédit Jean-Luc.

Jean-Luc était d'ailleurs persuadé que, malgré ce qu'il nous avait dit, Éric Montigny était parti retrouver Mario Dumont au lieu de se joindre à nous. Il a ajouté qu'il était prêt à me suivre seulement si j'avais un emploi pour lui. Quelques jours plus tard, j'ai appris que Jean-Luc avait flanché lui aussi et qu'il restait à l'ADQ pour de bon.

Même si les discutions concernant ma démission ont été somme toute correctes, mon départ de l'ADQ ne s'est pas fait sans heurts. Au cours de ma dernière rencontre en tête-à-tête avec Mario, j'avais promis de ne pas chercher à lui nuire, tout en indiquant que je m'attendais à la même chose de sa part. Je lui avais proposé de prendre quelques jours de réflexion, ou de décider sur-le-champ, avec moi, de la façon d'annoncer mon départ et de gérer cette annonce auprès des médias. Il n'était visiblement pas prêt à aborder ce sujet, alors je lui ai demandé de réfléchir et de me téléphoner pour régler la question.

«La lettre de démission que je t'ai remise, il n'y a que toi et moi qui en avons une copie, et je ne pense pas que Jean-Luc ou Éric en parleront», lui ai-je dit.

Mario promettant de me rappeler avant d'annoncer quoi que ce soit, nous nous sommes quittés là-dessus. Mais quelques jours plus tard, soit le 28 novembre, un journaliste de TVA, Paul Larocque, me téléphonait à la maison afin de connaître les véritables motifs de ma démission.

J'ai répondu à Paul Larocque que j'avais quelque chose à terminer et que je le rappelais dans quelques minutes. J'ai allumé la télé et entendu que Radio-Canada annonçait ma démission. J'ai téléphoné à Mario, qui m'a raconté qu'il avait envoyé un communiqué au cours de l'après-midi, dans lequel, sans plus de détails, il annonçait ma démission. Visiblement, cette façon de faire ouvrait la porte à toutes sortes d'interprétations de la part des journalistes.

«Ce n'est pas l'entente que nous avions, lui ai-je reproché. Il n'était pas question que ça se passe de cette façon. J'ai reçu un appel de Paul Larocque, et ça ne dérougira probablement pas. On va me harceler et me demander pourquoi je démissionne, et toi, tu l'annonces sans respecter l'entente que nous avions.»

Le lendemain, dans les journaux, la nouvelle est sortie complètement déformée. Éric Montigny et Jean-Luc Benoît disaient une chose, et Mario en disait une autre. Les gens de l'ADQ à Montréal avaient été jusqu'à affirmer que j'étais parti sur un coup de tête. Et là, évidemment, je recevais plein d'appels de gens qui souhaitaient obtenir des entrevues pour des stations radiophoniques, des émissions de télé ou différents quotidiens. Pour rédiger son communiqué, Mario avait profité du fait qu'un gros événement politique était survenu à Ottawa. Jean Chrétien venait d'annoncer que la Chambre des communes serait saisie d'une motion symbolique visant à reconnaître le «caractère distinct du Québec», ainsi que d'un projet de loi destiné à prévenir une réforme constitutionnelle sans le consentement du Québec.

«C'était le meilleur moment pour couler une nouvelle», disait Mario Dumont. Il souhaitait la voir passer inaperçue.

Je lui ai encore rappelé que ce n'était pas l'entente que nous avions conclue, que nous devions nous entendre sur la façon d'annoncer mon départ. J'étais en furie. Pas d'excuses pourtant. Rien de rien. Pas même le commencement d'un regret.

Depuis une journée, donc, la nouvelle était sortie, et j'avais refusé nombre d'entrevues. Les journalistes me demandaient ce qui se passait et j'étais forcé de leur répondre: «Non, non, Mario Dumont et moi devions nous entendre sur l'annonce, mais il n'a pas respecté notre pacte et je suis dans une situation un peu particulière.»

Un responsable de la tribune parlementaire – je crois que c'était encore Paul Larocque, de TVA – m'a alors téléphoné et m'a demandé de donner une conférence de presse pour m'expliquer. Je lui ai répondu par la négative, en ajoutant que j'étais disposé à faire un court point de presse, simplement pour dire que je n'avais pas quitté l'ADQ pour des raisons personnelles, mais pour des raisons politiques.

Lors de ce point de presse, j'ai indiqué quelles étaient les raisons politiques qui me forçaient à me dissocier de Mario Dumont. J'ai mentionné que je lui reprochais d'attendre les offres du fédéral, et que cette seule raison idéologique motivait mon départ. J'ai aussi déclaré que, malgré tout le respect que j'avais pour Mario Dumont, j'étais un peu déçu qu'il se soit comporté de cette façon envers moi, en annonçant n'importe quoi à mon sujet.

Quelques minutes avant ce point de presse, j'avais appelé Mario Dumont pour le prévenir que je donnais un point de presse à la demande des journalistes.

«Tu ferais mieux de tenir ça mort de ton côté et de faire en sorte que, à partir de maintenant, les nouvelles soient transmises correctement et qu'il n'y ait plus de commentaire à faire sur cette histoire. Je t'avais donné ma parole, Mario, et tu n'as pas respecté la tienne. Oublie-moi dans tes déclarations, et arrangez-vous pour corriger la gaffe que vous avez faite. Pour ma part, il n'est pas question que je laisse passer cette histoire sans rien dire.»

Après cette mise en garde à Mario Dumont, j'ai donné mon point de presse. Et c'est de cette façon que nos relations ont pris fin. Pour des raisons administratives, nous nous sommes reparlé une fois, quelques semaines plus tard, après quoi nous ne nous sommes jamais adressé la parole.

Par respect, j'ai continué à refuser d'accorder des entrevues à des émissions, comme *Le Point,* qui revenaient toujours à la charge pour solliciter une interview.

CHAPITRE V

Après cet épisode houleux, j'avais prévu prendre des vacances. Mais deux ou trois jours avant mon départ, j'ai reçu un appel de Benoît Sauvageau, alors député bloquiste de Terrebonne. Sauvageau était l'un des organisateurs de Michel Gauthier dans le cadre de la course à la chefferie du Bloc Québécois, pour remplacer Lucien Bouchard.

Le député bloquiste a demandé à me rencontrer et a ajouté que Michel Gauthier souhaitait en faire autant. J'ai alors téléphoné à Gilbert Charland afin de savoir de quoi il retournait. Comme tout le monde, j'avais suivi les événements au Bloc Québécois, mais sans demander plus de détails sur la course à la chefferie du parti. J'ai donc rencontré Gilbert Charland qui, au fil de notre conversation, a réaffirmé que je pouvais l'appeler à Québec (Lucien Bouchard avait déjà annoncé son intention de briguer le poste de chef du PQ) si jamais j'avais besoin de quelque chose. Enfin, Pierre-Paul Roy a aussi demandé à me rencontrer et m'a appris qu'il m'avait recommandé pour un poste à Ottawa. Dans les trois cas, j'ai répondu la même chose:

«Je m'en vais en voyage. Je ne sais pas ce que j'ai l'intention de faire ensuite, mais je vous donne de mes nouvelles dès mon retour.»

À la fin de janvier 1996, Gilbert Charland et moi avons dîné ensemble à Québec. À cette occasion, Charland a réitéré son offre. Comme je souhaitais continuer à promouvoir la souveraineté et que l'administration publique ne m'attirait guère, je lui ai fait savoir que je ne souhaitais pas travailler dans un cabinet de ministre. J'ai aussi rappelé

Benoît Sauvageau et rencontré Michel Gauthier, qui m'a offert de me joindre à son équipe.

«Il faudrait peut-être qu'on se connaisse, car je ne sais rien de votre façon de fonctionner. Si j'avais à choisir un chef entre Francine Lalonde et vous, le choix serait facile. Mais ce choix se poserait surtout contre Francine Lalonde, et non parce que je vous trouve des qualités particulières, car nous ne nous connaissons pas», lui ai-je répondu.

Sous prétexte de vouloir défendre le «monde ordinaire», pour reprendre sa propre expression, Francine Lalonde a une fâcheuse tendance à se porter candidate dès qu'une convention, une élection ou une course à la chefferie est mise en branle. Elle n'a donc pas beaucoup de crédibilité dans les milieux souverainistes. C'est ce qui explique en partie la réponse que j'ai donnée à Michel Gauthier.

M. Gauthier a dit apprécier ma franchise. Je lui ai ensuite fait part des failles que j'avais décelées dans sa campagne, vue de l'extérieur.

«Il faut absolument que tu te joignes à nous. Si je gagne, je vais avoir une *job* de conseiller politique ou de chef de cabinet pour toi, à Ottawa. Je n'ai pas encore choisi mon personnel, mais j'ai besoin d'un gars comme toi», a rétorqué Gauthier.

Histoire de tâter le terrain, j'ai rencontré ses autres collaborateurs. Je connaissais déjà Benoît Sauvageau et un certain nombre de personnes, dont Pierre-Paul Roy, qui s'apprêtait à partir pour Québec avec Lucien Bouchard, et il semblait que plusieurs, y compris M. Bouchard, avaient de bons mots à mon endroit. Peut-être était-ce parce qu'ils avaient tous hâte de quitter Ottawa et de pourvoir aux postes laissés libres dans la capitale canadienne...

Bref, en février 1996, j'ai travaillé avec Michel Gauthier pendant deux semaines, et lors d'une rencontre à son bureau d'Ottawa, il m'a officiellement offert le poste de chef de cabinet. J'ai accepté quelques jours plus tard, mais nous avons longuement parlé de sa façon de procéder, car je trouvais un peu particulier de travailler avec quelqu'un que je ne connaissais que depuis peu de temps.

La première fois que j'ai signalé un certain nombre de problèmes concernant la formule de la course à la chefferie, Michel Gauthier m'a fait une confidence pour le moins surprenante.

Je lui avais demandé pourquoi la course à la chefferie se faisait auprès d'un nombre aussi limité de personnes, et pourquoi elle se déroulait aussi tardivement, alors que tout le monde savait que les libéraux de Jean Chrétien s'apprêtaient à déposer un budget et à prononcer un discours du Trône. Il était compréhensible que le Parti libéral ne respecte pas ce qui se passait au Bloc à ce moment-là, en maintenant le calendrier qui avait initialement été prévu. En fait, les libéraux ont manqué de respect envers le Bloc au point de tenir trois élections partielles en pleine course à la chefferie. Cependant, la démarche du Bloc était tellement mal engagée et mal orchestrée que les souverainistes disposaient de bien peu de munitions pour dénoncer l'attitude de leurs adversaires politiques.

La pire des erreurs du Bloc était de ne pas avoir tenu de débat de fond. Il n'y a que deux moyens d'aider un politicien à acquérir une certaine notoriété: une élection générale ou une course à la direction à grand déploiement. Ce n'est pas dans les actions de tous les jours, à moins d'être le premier ministre ou un ministre très influent, qu'on réussit à se faire connaître auprès des citoyens, qui, aux prises avec leurs préoccupations quotidiennes, ont bien d'autres chats à fouetter.

Après m'avoir écouté, Michel Gauthier m'a simplement répondu qu'il ne souhaitait pas devenir le chef du parti.

«Si je suis là, c'est parce que Lucien Bouchard m'a demandé de prendre la relève en voyant que Gilles Duceppe était un *peewee* incapable d'assumer ce genre de responsabilités et de prendre les bonnes décisions, et qu'il ne ralliait pas la majorité des députés.»

C'est exactement en ces termes que M. Gauthier m'a expliqué que Lucien Bouchard, au fond, ne faisait pas confiance à Gilles Duceppe pour cette fonction de premier plan. Au cours de cette conversation, M. Gauthier m'a aussi confié qu'il avait promis, s'il devenait chef, de donner le poste de leader parlementaire à Gilles Duceppe. C'est à cette condition que Gilles Duceppe avait décidé de ne pas se porter candidat, sur les bons conseils de *son patron*, Lucien Bouchard.

Ce qui m'a surpris plus encore a été d'apprendre que la course à la direction se déroulait à un aussi mauvais moment parce que M. Bouchard voulait demeurer inscrit sur la liste de paye de la Chambre des communes le plus longtemps possible. Selon Michel Gauthier, il ne voulait pas se priver de son salaire du Parlement fédéral trop longtemps, en attendant que Jacques Parizeau quitte l'Assemblée nationale. C'est ce qui a fait que les choses ont tant tardé; de fait, le successeur de Lucien Bouchard aurait pu entrer en fonctions beaucoup plus tôt.

Je ne m'expliquais pas exactement tout ce qui s'était passé, mais il semblait que des questions d'économie avaient aussi pesé dans la balance. Pourtant, l'argent ne constitue jamais un gros problème dans les milieux politiques. Quand le Bloc en était encore à ses balbutiements, il semble que le parti avait réussi à obtenir un prêt d'environ un million de dollars d'une institution financière. Le Bloc aurait donc été capable de se payer une belle course à la direction. Rétrospectivement, il faut sans doute retenir que M. Bouchard n'a jamais vraiment souhaité que le Bloc se relève de son départ.

M. Bouchard savait que Gilles Duceppe était incapable de faire l'unanimité, et il connaissait suffisamment Michel Gauthier pour savoir qu'il était beaucoup plus docile, beaucoup moins agressif à l'extérieur de la Chambre des communes que sa réputation ne le laissait croire. Lucien Bouchard ne pouvait pas ignorer que Michel Gauthier n'avait pas assez d'envergure pour nuire au Parti Québécois ou pour s'engager dans une voie du genre «faire la promotion de la souveraineté à grand déploiement». Les choses cadraient parfaitement, parce que M. Bouchard avait justement décidé de mettre les freins.

Il faut parfois du temps pour comprendre ce genre de choses, d'autant plus qu'au moment où tous ces événements s'enchaînaient, nous étions tous occupés à tenter de nous sortir du bourbier.

Le samedi 17 février 1996, le congrès restreint a finalement eu lieu, et Michel Gauthier a été couronné chef par 104 voix, contre 51 pour Francine Lalonde. Ce résultat était bien en deçà des prévisions des principaux organisateurs de Michel Gauthier. Le soir, nous avons fêté dans la suite réservée à M. Gauthier à l'Hôtel Méridien, ainsi que dans un bon restaurant de Montréal. À ces deux endroits étaient réunis les plus proches partisans et les collaborateurs de notre nouveau chef. Je pense, entre autres, au député de Saint-Hyacinthe–Bagot, Yvan Loubier, que je connaissais depuis un certain temps, à la députée de Rimouski, Suzanne Tremblay, et à Benoît Sauvageau. Clermont Côté, sur le point d'être nommé directeur général du parti, était aussi avec nous.

À un certain moment, Suzanne Tremblay et moi nous sommes retrouvés un peu à l'écart des autres dans la suite de M. Gauthier et je me suis permis quelques remarques directes à son endroit. J'avais rencontré plusieurs fois cette femme dans des réunions et je brûlais depuis un certain temps de lui passer un message.

«Madame Tremblay, vous allez comprendre que je viens d'arriver au Bloc. Mais si ça vous intéresse, je peux vous dire ce que monsieur et madame Tout-le-monde, ainsi que les journalistes, pensent de vous, vue de l'extérieur.»

Bien entendu, elle m'a ouvert la porte en répondant «oui». Je lui ai donc dit qu'elle était très bien perçue par monsieur et madame Tout-le-monde, que les gens la trouvaient sympathique, certes, mais pas crédible.

«Chaque fois que les journalistes attaquent une de vos déclarations, ils le font parce que c'est sorti "tout croche".

Vous auriez donc intérêt à en dire le moins possible et à prendre la parole moins souvent quand vous n'êtes pas certaine de votre argumentation. Vous devriez aussi apprendre à dominer vos émotions. Parce qu'il faut savoir ce que l'on dit en politique, et il faut penser à ce que l'on dit. Il faut aussi dire ce que l'on pense, mais l'un ne va pas sans l'autre.»

Surprise, Mme Tremblay avait encaissé ces remarques sans trop broncher. Peut-être croyait-elle qu'elle n'avait pas le choix, parce qu'elle était en présence du futur directeur de cabinet de son nouveau chef.

Dans les semaines et les mois qui ont suivi, je me suis toutefois rendu compte qu'elle n'avait pas apprécié ma franchise, même si elle était parfaitement consciente de l'importance de ce que j'avais voulu lui faire comprendre. Quand nous nous croisions en compagnie d'autres personnes, elle me répétait souvent, tout bas: «Il faut que j'apprenne à me taire.»

La décision qu'elle a le plus mal acceptée, je crois, a été prise le lendemain du congrès, dans les locaux montréalais du Bloc, boulevard de Maisonneuve. Ce jour-là, Michel Gauthier, Michel Bourque et Pierre Ménard (deux adjoints de M. Gauthier avant qu'il devienne chef) et moi étions en train de préparer notre première réunion du caucus. Les députés du Bloc devaient passer deux ou trois jours ensemble à Mont-Rolland; nous étions en train de dresser une liste de priorités, et surtout de composer un cabinet fantôme pour déterminer quels députés seraient chargés de quels dossiers.

Nous avons d'abord fait le tour des femmes, et nous nous sommes rendu compte que nous n'avions aucune marge de manœuvre. Il n'était surtout pas question de donner un rôle de premier plan à Francine Lalonde ni de la rétrograder. Puisque le poste de leader avait depuis longtemps été attribué à Gilles Duceppe, j'ai proposé à M. Gauthier de nommer Suzanne Tremblay leader parlementaire adjointe, en sachant fort bien que cette fonction est plutôt administrative à la Chambre des communes.

«Elle est connue, mais le fait de la nommer au poste de leader adjointe nous permettra de ne pas lui confier de dossier, de sorte que ses déclarations farfelues seront limitées», ai-je expliqué.

Michel Gauthier a accepté ma proposition. La deuxième suggestion concernait le poste de *whip*, une fonction qui est d'habitude remplie par une personne autoritaire capable de maintenir une certaine discipline au sein du caucus. J'ai proposé la députée de Laval-Est, Madeleine Dalphond-Guiral, que je connaissais un peu mais qui était loin de correspondre au profil habituellement recherché.

«Il y a deux façons d'être *whip*. On peut tenir les rênes à la dure, ou de façon plus subtile», ai-je argumenté.

Je faisais valoir que Mme Dalphond-Guiral, qui est une sorte de «maman-à-tous», trouverait probablement le moyen de faire passer les messages d'une manière plus douce. Cette idée, je dois dire que Michel Gauthier l'a acceptée avec réticence. Nous avons examiné le pour et le contre, et le chef a finalement acquiescé, à condition de laisser le député de Joliette, René Laurin, au poste de *whip* adjoint, car il avait un tempérament un peu plus autoritaire.

L'autre condition posée par M. Gauthier était que son adjoint, Pierre Ménard, devienne le chef de cabinet de Madeleine Dalphond-Guiral. Selon le scénario ébauché, Ménard allait être notre «poignée» sur Madeleine Dalphond-Guiral, ce qui devait nous permettre de surveiller le bureau du *whip* à notre façon, sans nous ingérer dans son fonctionnement quotidien.

Il fallait aussi procéder aux autres nominations. Yvan Loubier, par exemple, a conservé son titre de critique en matière de finances. Quelques modifications ont été apportées par rapport à l'organigramme de l'équipe de Lucien Bouchard, mais j'ai très peu participé à ces discussions. Je n'étais pas la meilleure personne-ressource pour le faire, car je ne connaissais que partiellement les députés, et même seulement une partie d'entre eux. Ainsi, lorsqu'on me parlait de

Gaston Leroux comme responsable au poste de critique en matière de patrimoine, le seul argument qui jouait en sa faveur était à mes yeux sa formation de comédien. Comme plusieurs autres, Gaston Leroux était pour moi un *nobody* au chapitre des performances parlementaires. Par conséquent, c'est plutôt en solitaire que M. Gauthier a choisi son cabinet fantôme, et la tâche n'était pas facile, car le calibre des députés était plutôt inquiétant.

Je ne connaissais pas personnellement tous les députés en place, mais j'avais entendu parler de plusieurs d'entre eux et en des termes pas toujours élogieux. Précédemment, Gilbert Charland, Pierre-Paul Roy et quelques autres m'avaient communiqué plusieurs informations à propos de certains membres de la députation et de l'organisation du Bloc. Ils avaient dressé une liste des députés «à problèmes» ou qui, à leurs yeux, ne possédaient aucune qualité politique ou parlementaire. Les premiers ciblés étaient des gens comme Suzanne Tremblay (Rimouski), Pierrette Venne (Saint-Hubert), Ghislain Lebel (Chambly), Jean-Marc Jacob (Charlesbourg), Michel Guimond (Beauport) et quelques autres.

Cependant, on tenait en haute estime des personnes comme Pierre Brien (Témiscamingue) et Michel Bellehumeur (Berthier). On m'avait aussi parlé de ces deux hommes pendant les négociations de l'entente tripartite, et j'avais eu l'occasion de rencontrer Pierre Brien au cours des audiences de la Commission nationale sur l'avenir du Québec. On me l'avait présenté comme un jeune homme brillant. J'ai compris par la suite qu'il était un protégé de M. Bouchard et qu'il lui était fidèle. Un des rôles importants qui lui avaient été confiés en tant que président du comité constitutionnel du Bloc consistait à encadrer et à surveiller des gens comme Francine Lalonde et Daniel Turp, qui siégeaient au sein de ce comité de «réflexion». Lucien Bouchard voulait que le comité réfléchisse, mais il voulait éviter que Lalonde et Turp s'«épivardent» dans toutes les directions.

C'est en ces termes que Gilbert Charland, Pierre-Paul Roy et Lucien Bouchard m'avaient parlé de leur comité constitutionnel. L'ironie dans cette histoire, c'est que Daniel Turp s'est toujours considéré comme un grand constitutionnaliste et l'un des principaux conseillers de Lucien Bouchard. Dans les faits, M. Bouchard lui vouait bien peu de respect. Il l'avait simplement mis sur une voie de garage, sous l'œil bienveillant de Pierre Brien. On essayait de laisser le moins de corde possible à Turp, parce qu'on n'avait pas confiance en lui.

En ce qui concernait l'embauche de notre personnel (il fallait refaire l'équipe presque complètement), Michel Gauthier m'astreignait à quelques conditions. Il me laissait le champ libre pour embaucher les gens que je voulais, à l'exception de trois personnes. Il y avait d'abord Michel Bourque, que M. Gauthier désirait avoir comme attaché de presse, car il avait pleinement confiance en ce collaborateur. Puis, le chef souhaitait engager l'un de ses amis, Louis Arcand, comme rédacteur de discours. Arcand faisait alors carrière dans le domaine de la radio, au Saguenay–Lac-Saint-Jean. Enfin, M. Gauthier souhaitait garder à son service sa secrétaire, Sylvie Biard.

Quand nous sommes entrés dans nos quartiers, le lundi matin suivant la victoire de Michel Gauthier, c'était presque la désolation. Nous nous sommes retrouvés dans un bureau où il ne restait que deux réceptionnistes, un messager, quatre ou cinq personnes au service de la correspondance, quelques recherchistes et trois personnes aux communications. Dans ce dernier cas, il s'agissait cependant d'employés qui avaient été ballottés d'une fonction à une autre et qui ne possédaient aucune expérience des relations avec la presse. Demeurait aussi en place une adjointe, Nicole Leblanc, qui s'occupait de l'administration et de la paperasse sous le règne de Lucien Bouchard.

Michel Gauthier a rempli les documents officialisant ma nomination à titre de chef de cabinet, et j'ai aussitôt convoqué

Mme Leblanc afin d'apprendre les règles de nomination et de fonctionnement de la Chambre des communes. Je souhaitais aussi obtenir des organigrammes et avoir un aperçu des descriptions de tâches et des salaires de ceux et celles qui avaient quitté leurs fonctions. Ce genre d'informations pouvait nous servir de point de départ pour recruter notre personnel, mais nous sommes tombés de très haut.

Pendant la course à la direction, j'avais pensé que l'équipe du chef intérimaire, Gilles Duceppe, limitait les communications avec nous de façon à éviter les prises de position partisanes, mais j'ai rapidement compris que dans les faits, tout le monde avait foutu le camp à Québec et que l'entourage de Lucien Bouchard s'était montré totalement indifférent à la passation des pouvoirs au Bloc Québécois. Pendant la course à la chefferie, quelques personnes étaient restées en poste pour sauver les apparences, mais nous étions loin de disposer des services dont Michel Gauthier et Francine Lalonde auraient dû bénéficier à cette époque-là. C'était d'ailleurs encore plus vrai en ce premier jour.

Puisque tout était joué d'avance, nous aurions pu nous organiser pour préparer discrètement la passation des pouvoirs, mais Michel Gauthier avait obstinément refusé que j'entre en contact avec les gens du Bloc qui avaient quitté ou qui étaient sur le point de quitter Ottawa. Le patron ne voulait même pas que j'aie des discussions avec le personnel du chef intérimaire, Gilles Duceppe.

«On n'a pas besoin de cette gang de crisses là, et je ne veux rien leur devoir. On va se débrouiller quand on entrera en fonctions. Je ne veux pas me faire prendre à être en contact avec ces gens et avoir l'air du gars qui se croit assuré de devenir le chef», avait tranché Michel Gauthier.

Pour ajouter à nos difficultés, Nicole Leblanc a fini par m'apprendre qu'il n'existait ni organigramme ni description des tâches. Comme nous ne disposions d'aucune autre information, il a fallu consulter les dossiers de chacun. C'est à ce moment que je me suis rendu compte que plusieurs membres du groupe d'amis de Gilles Duceppe avaient quitté Ottawa de façon un peu particulière, parce qu'ils avaient bénéficié d'importantes indemnités en raison de leur «congédiement». Sur le moment, je n'avais pas prêté une très grande attention à ce tour de passe-passe. Cependant, quelques jours plus tard, Nicole Leblanc m'a fait part d'une demande d'Alain Leclerc, qui disait attendre les documents attestant qu'on le congédiait, de même que deux autres personnes. Leclerc avait jusque-là occupé le poste de directeur des communications du Bloc à Ottawa. Avec le départ de Lucien Bouchard, il était passé au service d'un ministre du gouvernement du Québec.

Avant d'aller plus loin, nous avons cherché des réponses auprès de Gilbert Charland, devenu chef de cabinet de Lucien Bouchard à Québec. Charland a confirmé que les employés qui souhaitaient être congédiés travaillaient déjà pour divers ministres péquistes. Il a expliqué qu'il fallait congédier ces gens puisque cette procédure avait été appliquée dans son cas et pour la plupart des employés qui avaient décidé de suivre leur chef à Québec. Il me semblait qu'il y avait là un sérieux problème, et Gilbert Charland avait l'air très embêté par mes questions. À mes côtés, Nicole Leblanc trouvait que j'avais raison, mais elle ne voulait visiblement pas se mettre à dos ses anciens patrons, pas plus que le nouveau.

Un peu plus tard, j'ai appris que François Leblanc avait supervisé Nicole Leblanc sous l'administration précédente. Au Bloc, le cabinet de Lucien Bouchard était bicéphale. François Leblanc s'occupait de l'administration et Gilbert Charland voyait aux aspects politiques.

J'ai donc parlé de cette affaire à M. Gauthier, qui est resté ébahi. Je lui ai fait remarquer que certaines personnes congédiées avaient bénéficié d'une augmentation de salaire considérable peu avant leur départ, ce qui avait eu pour effet de gonfler leurs indemnités de licenciement. Par exemple, le directeur des communications avait été muté avec une augmentation de salaire de 9 500 $. Le salaire d'une recherchiste avait pour sa part été augmenté de 21 000 $. Bref, il y avait plusieurs *coïncidences* pour le moins troublantes. Outré, Michel Gauthier a même saisi le téléphone, à ma demande, pour en parler à Lucien Bouchard. Le premier ministre a répondu que tout avait été fait dans les règles, mais qu'il n'en savait pas davantage. C'est finalement Gilbert Charland qui a rappelé, en colère, pour me dire qu'il n'était pas correct de refuser de signer les formules de congédiement.

«Michel Gauthier n'a pas à jouer les vierges offensées, lui qui touche une pension de Québec alors qu'il siège à Ottawa», avait-il protesté.

Gilbert Charland a ensuite demandé à Charles Chevrette, adjoint du chef de cabinet de Lucien Bouchard et fils du ministre Guy Chevrette, de me rappeler pour me faire un historique de ces congédiements. Des avis juridiques avaient été obtenus, m'a précisé Charles Chevrette, des autorités de la Chambre des communes. Malgré ces avis, cette affaire me paraissait insensée. À mes yeux, il s'agissait d'un problème d'éthique.

Je trouvais très particulière une telle façon d'agir de la part de gens qui prétendaient aller redresser les finances publiques à Québec. Dans la vie, il arrive à tout le monde d'employer des procédés un peu douteux, mais dans ce cas précis, c'était vraiment trop gros.

Quand nous nous sommes parlé, Charles Chevrette et Gilbert Charland ont été incapables de justifier ce qui s'était passé. Ils ont fait porter la responsabilité par Gilles Duceppe, en soulignant que c'était lui qui avait autorisé les congédiements précédents. J'ai demandé à Gilles de passer à mon bureau. Il était visiblement très embêté. Puis nous sommes allés rejoindre Michel Gauthier, et nous avons réévalué la situation.

«Ça n'a pas de maudit bon sens, ce qui a été fait. Ça n'a pas d'allure», disait Gauthier.

Gilles Duceppe se débattait comme un diable dans l'eau bénite. Cette histoire le rendait nerveux. Au cours des jours suivants, j'ai maintenu mon refus de signer les documents, parce que cette affaire sentait vraiment mauvais. Mais Gilles répétait qu'il n'avait rien à se reprocher. Au cours de la réunion du caucus que nous avons tenue dans les Laurentides, il a même ajouté: «J'ai agi comme on m'a dit de le faire.» Comme quoi il pouvait agir sans poser de question, à condition que les ordres viennent de ses véritables patrons.

Au bout du compte, malgré nos réticences, cette histoire a pris fin à l'avantage des collaborateurs de Lucien Bouchard.

«Monsieur Gauthier, ça fait presque deux semaines que ces gens figurent sur notre liste de paye et ils ne se sont jamais présentés au bureau. Voulez-vous qu'on les garde, oui ou non?

— Congédie-les, je ne suis pas intéressé à travailler avec eux», m'a-t-il répondu.

À la demande de M. Gauthier, j'ai donc fait le nécessaire, mais je ne me sentais plus le seul à endosser cette responsabilité. En plus, les anciens collaborateurs de Lucien Bouchard avaient pris soin de demander que leur indemnité de congédiement soit versée en un seul paiement, pour éviter d'être accusés de recevoir une double rémunération. J'étais très conscient de l'avantage financier que leur procurait ce congédiement, mais nous n'avions quoi qu'il en soit aucune envie de garder ces gens sur notre masse salariale.

Outre ces accrochages avec Québec, nous étions accablés par une somme de travail presque démentielle. Il fallait embaucher une cinquantaine de personnes tout en organisant le caucus des Laurentides et les trois élections complémentaires, sans compter les répliques au discours du Trône et au troisième budget de Paul Martin.

Les préparatifs entourant les élections complémentaires m'ont d'ailleurs permis de comprendre pourquoi l'administration précédente avait déployé tant d'efforts pour laisser Daniel Turp sur une voie de garage pendant la période préréférendaire.

Turp voulait absolument être le candidat du Bloc dans Papineau–Saint-Michel, au point de nous harceler avant et pendant le congrès devant mener à l'élection de Michel Gauthier. *Sa Majesté* Turp souhaitait que la nouvelle de sa candidature soit rendue publique à ce moment-là. Il voulait surtout que nous mettions tout en œuvre pour empêcher d'autres candidats de se présenter à l'investiture dans la circonscription. Il était donc déjà un casse-pieds prétentieux et arriviste. Battu dans Papineau–Saint-Michel, Daniel Turp se ridiculisera de nouveau en reprenant le même manège, à l'automne 1996, afin de se porter candidat dans Beauharnois-Salaberry.

Turp avait de bien mauvaises habitudes. Comme Francine Lalonde, il se sentait appelé par toutes les élections possibles. Se croyant indispensable, il multipliait les communications écrites ou téléphoniques pour solliciter des contrats, ou encore des appuis aux élections. Il a même été jusqu'à menacer, à une occasion, de quitter le Bloc «avec fracas» s'il n'obtenait pas satisfaction.

Dans une lettre transmise par télécopieur le 24 septembre, Daniel Turp ira jusqu'à se plaindre à Michel Gauthier de ne pas avoir pu participer à une partie de balle molle organisée par le comité péquiste de la circonscription qu'il convoitait!

Il réclamera aussi une intervention d'urgence de la part du chef du Bloc, pour qu'il écarte de son chemin les candidats issus du Parti Québecois qui avaient l'intention de briguer l'investiture dans Beauharnois-Salaberry, en vue de représenter le Bloc aux prochaines élections fédérales.

«Si vous souhaitez vraiment que je vous accompagne à Ottawa après la prochaine élection, et que je puisse continuer à vous servir et à servir le Bloc avec la compétence et la générosité que vous me connaissez, s'il y a vraiment une commande de me faire élire, il me paraît urgent d'agir sur le front de Beauharnois-Salaberry, écrivait-il. Je suis profondément déçu par la tournure des événements et j'envisage sérieusement de mettre un terme à mon implication dans le Bloc, tant comme candidat à l'investiture que comme président de la commission politique. Et si je le fais, je le ferai dans les prochains jours, avant ou pendant le Conseil général, et avec fracas. Et j'aurai bien des choses à dire sur le bel arrimage Bloc Québécois-Parti Québécois et sur l'état d'organisation du Bloc à la veille d'une campagne électorale fédérale», concluait M. Turp.

Malheureusement, peu d'électeurs savent que leurs élus, ou ceux qui souhaitent le devenir, sont capables de tels enfantillages.

Outre les crises existentielles de Daniel Turp, nous avions des dossiers véritablement urgents à régler à notre arrivée à Ottawa. Il nous fallait, par exemple, trouver une personne qualifiée pour diriger le service des communications. Après avoir offert ce poste clé à deux personnes sans obtenir de réponse positive, nous avons sollicité l'aide de Québec. Nous avions quelques noms en tête et nous nous disions qu'avec un peu de bonne volonté, l'entourage de Lucien Bouchard aurait pu intercéder en notre faveur auprès de personnes valables dans l'appareil gouvernemental québécois. Mais nos demandes de collaboration furent toutes ignorées.

Après avoir convaincu Michel Gauthier, j'ai même parlé à Gilbert Charland de quelqu'un que je souhaitais embaucher: Jean-François Lisée. J'ai formulé une requête en ce sens pendant un dîner au restaurant Le Piémontais, à Montréal. Cela peut sembler paradoxal, compte tenu des différends que nous avions eus avant et pendant la campagne référendaire, mais je lui reconnaissais d'excellents talents de rédacteur. Sauf qu'au point de vue de la stratégie, c'est zéro!

«Je pense qu'on va garder Jean-François Lisée avec nous, même si M. Bouchard le déteste», a répondu Gilbert Charland.

Quelques jours plus tard, en effet, nous avons appris que Jean-François Lisée demeurait bel et bien au sein du cabinet du premier ministre, exactement dans les fonctions que nous souhaitions lui offrir à Ottawa. Jamais nous n'avons eu la permission d'en discuter avec Lisée lui-même, de sorte qu'il apprendra probablement cette histoire en lisant ces lignes. Je considérais que c'eût été une expérience intéressante pour lui, après avoir évolué un an dans les hautes sphères de l'Assemblée nationale, de nous apporter à Ottawa ses qualités de rédacteur, dont nous avions bien besoin.

En tout, il nous aura fallu cinq semaines pour embaucher une cinquantaine de nouveaux collaborateurs. Mais nous étions aigris au bout de ce fastidieux exercice. L'entourage de Lucien Bouchard avait pratiqué une politique de terre brûlée à notre égard, à tel point que nous ne disposions même pas d'une banque de curriculum vitæ à notre arrivée. Bureaux, classeurs et tiroirs étaient vides. La plupart des dossiers importants du Bloc avaient été déménagés à Québec. Lucien Bouchard avait aussi embauché quelqu'un du service de documentation pour se monter des archives personnelles. À peu près tous les dossiers, j'imagine, s'étaient retrouvés là-dedans.

Après Lucien Bouchard, le déluge. Nous n'avions accès à presque rien et nous redémarrions sans aucune référence. En plus, avant de partir, l'équipe de Lucien Bouchard avait fait en sorte de garder un œil sur le Bloc en préparant l'emménagement (pour des raisons pratiques, disait-on) de la permanence du Bloc dans le même édifice que les bureaux du Parti Québécois.

Notre entrée en scène n'a donc pas été facile. Dès la première rencontre du caucus du Bloc, je me suis aperçu que la suite des choses n'allait pas être rose pour l'opposition officielle souverainiste à Ottawa. La faiblesse de nombreux députés, leur peu d'aptitudes pour la vie politique et leur manque évident de leadership naturel ressortaient des discussions visant à définir la stratégie parlementaire du Bloc. Il était clair que tout un travail de reconstruction était à faire. Ces gens avaient été portés par la vague Bouchard, mais le creux de la vague s'annonçait, et rien n'avait été prévu pour y faire face.

Au cours de cette réunion, une discussion a eu lieu au sujet de l'avenir politique du Bloc Québécois. Cela m'a permis de constater que Michel Gauthier était respecté, mais qu'il représentait aussi pour eux une solution de compromis.

Dans l'ensemble, les députés semblaient satisfaits des dossiers qui leur avaient été confiés, exception faite de Suzanne Tremblay et de quelques autres. Un grand nombre de députés souhaitaient visiblement travailler dans le même sens que M. Gauthier. La plupart faisaient des propositions et se montraient très courtois. On sentait qu'il n'y avait pas d'hypocrisie et que, dans l'esprit de presque tout le monde, la course à la chefferie était terminée.

Ce qui m'étonnait, c'était cette réticence que je percevais chez Francine Lalonde, alors que les députés qui l'avaient appuyée pendant la course à la chefferie s'étaient rangés derrière Michel Gauthier. J'observais aussi de près certains autres députés, comme Réal Ménard, Michel Bellehumeur ou Pierre Brien, que je soupçonnais de ne pas jouer franc jeu. Par exemple, Brien s'était présenté au congrès du Bloc sans porter les couleurs de Michel Gauthier, qu'il disait pourtant appuyer. «Je n'ai pas l'habitude de m'afficher», avait-il prétexté. Curieusement, on a vu plus tard Brien s'afficher avec vigueur dans la course qui a porté Gilles Duceppe à la direction du parti. J'avais rencontré ce jeune député à l'occasion des travaux de la Commission sur l'avenir du Québec. Il avait assisté à ce moment-là à quelques séances. J'estimais qu'il était un gars brillant, mais très immature.

Je suivais aussi avec attention les faits et gestes de Michel Gauthier. Je le connaissais encore très peu. À l'occasion du dépôt du budget, je me suis rendu compte qu'il n'aimait pas lire les discours écrits et qu'il était d'ailleurs un orateur très moyen. Dès la course à la chefferie, j'avais remarqué que cet aspect du travail de politicien faisait défaut chez lui. Pire, il n'avait aucun charisme. Le charisme, hélas, fait de plus en plus office d'idées dans un monde où tout est médiatisé à l'excès. Pensez seulement à Jean Charest, quintessence du vide mais tout de même charismatique.

Michel Gauthier était incapable de bien faire de longs discours préparés d'avance, surtout par manque de volonté. Dans sa réplique au budget du gouvernement libéral, par exemple, il ne s'était pas montré à la hauteur. C'est à ce moment-là qu'il a commencé à me donner des réponses du genre: «Tu sais, moi, j'ai mon style.»

«Les gens ont voulu de moi comme chef, mais je n'ai jamais voulu l'être. Maintenant que j'ai accepté, ils vont vivre avec mon style.»

Subtilement, ces commentaires s'adressaient aussi à moi. Ça voulait dire: «Toi aussi, André, tu vas vivre avec mon style. Il y a des choses que tu peux me recommander, mais il y a des choses que je ne ferai pas, des choses que je ne dirai pas.»

Je trouvais, comme d'autres, qu'il n'était pas assez incisif. En diverses circonstances, pendant la course à la direction ou au moment des élections partielles, Michel Gauthier manquait de bagout. On lui donnait des lignes directrices ou des idées intéressantes, mais il passait par-dessus. J'étais habitué à refiler ce genre de lignes à Mario Dumont, et nous marquions souvent des points ainsi. M. Gauthier était plus un pédagogue qu'un politicien. Et on sait qu'en politique, la pédagogie, c'est parfois long et terne pour des caméras qui souhaitent une formule-choc qui tienne en sept secondes. Si Jean Chrétien avait été un pédagogue, il ne serait probablement jamais devenu chef du Parti libéral et premier ministre du Canada. La même chose vaut pour un certain nombre de personnages politiques. Je me disais qu'avec le temps, les choses allaient sûrement s'améliorer.

Par exemple, à un débat qui avait eu lieu à Québec dans le cadre de la course à la direction du Bloc, j'avais conseillé à M. Gauthier de cesser d'être sur la défensive par rapport à Francine Lalonde. Et il avait été très bon. Francine Lalonde disait s'être lancée dans la course pour tenir un débat de fond, mais elle s'était joliment fait «ramasser» ce soir-là, au point d'en être déstabilisée. M. Gauthier se savait très fort en

Chambre, et très faible à l'extérieur de l'enceinte parlementaire. Il souhaitait être conseillé sur sa façon de fonctionner, mais seulement quand cela lui plaisait.

Comme nous nous connaissions peu, j'ai éprouvé certaines difficultés à ce chapitre. Il m'était difficile de mettre le poing sur la table et de dire: «Monsieur Gauthier, vous n'avez pas le choix: il faut que vos interventions publiques en dehors de la Chambre se fassent de telle ou telle façon, il faut que vos habitudes changent.» Avec lui, les changements devaient se faire petit à petit, parce que c'est un homme foncièrement paresseux. On lui donnait un dossier, il ne le lisait pas. Il écoutait les recommandations qu'on lui faisait verbalement, mais si on lui laissait le tout par écrit, on pouvait être certain de ne pas avoir été lu, même deux ou trois jours plus tard.

Le soir, une heure ou deux après la période des questions, il prenait ses cliques et ses claques, prêt à boire une bière et à souper avec des amis. C'était assez difficile à vivre pour ceux qui bûchaient autour de lui. Aussi paradoxal que cela puisse paraître, le dossier pour lequel il manifestait le plus d'intérêt à son arrivée à la tête du Bloc – il revenait là-dessus tous les jours ou presque –, c'était celui du véhicule attribué au chef de l'opposition officielle. M. Gauthier désirait qu'on change son véhicule contre un autre, et pas n'importe lequel! Il lui fallait un «beau char». Tous les autres dossiers le laissaient de glace.

Après quelques semaines, à ma grande surprise, le chef m'a demandé de lui montrer les organigrammes que j'avais fait préparer. Pour des raisons que j'avais du mal à m'expliquer, il voulait maintenant savoir qui j'avais embauché et quelles étaient les tâches de ces personnes. Une telle exigence n'était pas déplacée de sa part, mais comme il ne s'était pas soucié de cet aspect jusque-là, j'ai cru qu'il y avait un problème. Ce n'est que beaucoup plus tard, en septembre 1996, que M. Gauthier m'a avoué qu'il s'était demandé, au cours des premières semaines, s'il avait fait le bon choix. Au départ, il avait eu de la difficulté, disait-il, à se confier à son nouveau chef de cabinet.

Quelques mois avant de me faire ces confidences, il a pourtant semblé être conforté dans son choix, puisqu'il m'a offert une augmentation salariale de 4 000 $. Avec le recul, je me dis que sa réaction initiale avait été normale, vu que personne dans son entourage n'avait jamais osé le contredire ou lui tenir tête, sauf moi. Il était agacé quand je l'approchais en disant: «Monsieur Gauthier, si j'étais vous, je ferais ou je dirais les choses de telle façon.» Il était habitué à ne demander conseil que pour justifier ses démarches, ou encore lorsqu'il se sentait coincé ou piégé. Il avait vraiment du mal à accepter qu'on lui fasse des recommandations sans qu'il les ait sollicitées. Et c'est ce que je faisais constamment...

En fait, le seul moment où Michel Gauthier semblait à l'aise comme un poisson dans l'eau, c'était pendant les réunions quotidiennes du comité visant à préparer la période des questions. Outre Michel Gauthier et moi-même, ce comité regroupait six personnes, soit Louis Arcand (conseiller), Gilles Duceppe (leader parlementaire), Madeleine Dalphond-Guiral (*whip*), Suzanne Tremblay (leader adjointe), Richard Brunelle (directeur du service de recherche et de documentation) et Sophie Roux (communications). À l'occasion, des députés se joignaient à nous.

Je n'aimais pas cet exercice quotidien, qui accaparait tous nos avant-midi. Ce que Michel Gauthier m'en avait dit, c'était que le leader parlementaire devait occuper toute la place dans ces rencontres et que Lucien Bouchard, lorsqu'il était chef, y venait de temps en temps pour prendre ses questions, puis repartait travailler dans son bureau. Par souci d'efficacité, je m'attendais à ce que nous fassions un peu la même chose, mais M. Gauthier était à ce moment davantage préoccupé par le fait que Gilles Duceppe n'était pas capable de «livrer la marchandise» en Chambre. Le chef se sentait mal appuyé en Chambre.

«Gilles n'arrivera pas à me seconder tous les jours en posant la deuxième question, parce qu'il est incapable d'argumenter au pied levé. Il faut absolument que tout soit écrit pour lui, alors que je fonctionne de façon beaucoup plus spontanée», disait-il.

M. Gauthier était donc toujours très fort, pour ne pas dire écrasant, dans ces réunions-là. Il était tellement fort, tellement doué, que personne n'osait le contredire sur la façon de faire. Même si Gilles Duceppe et moi étions souvent sur la même longueur d'onde et mettions de l'avant des idées davantage politiques et plus marquées, M. Gauthier les rejetait du revers de la main au profit de thèmes pédagogiques. Toutefois, nous savions très bien qu'en Chambre, il réussirait à pomper l'air à Jean Chrétien et à s'en sortir, même si toutes ses interventions n'avaient pas été écrites d'avance.

Cependant, dès le début, les libéraux nous ont délibérément joué un vilain tour. Jean Chrétien a mis des semaines avant de se présenter en Chambre pour croiser le fer avec le nouveau chef du Bloc. Donc, j'ai dit à M. Gauthier: «On va le dénoncer, on va dénoncer le fait qu'il ne soit pas en Chambre.» La stratégie du Parti libéral était la suivante: si Chrétien était en Chambre, Gauthier s'emportait, mais s'il était absent, Gauthier passait pour un individu fade, sans couleur, sans odeur et sans saveur. Cela signifiait qu'il n'y avait, pour les journalistes, aucune nouvelle à tirer de la période des questions.

Nous avons par conséquent dénoncé l'absence du premier ministre en Chambre, et Jean Chrétien a recommencé à fréquenter sa banquette. Toutefois, il a poursuivi avec une stratégie semblable en évitant le plus souvent possible de répondre à la première question de M. Gauthier, et même à la deuxième. Il faisait d'abord répondre ses ministres et ne répliquait qu'à la troisième question, sachant fort bien que c'était la dernière que poserait M. Gauthier. Le premier ministre ne craignait pas de répondre ensuite aux questions de Gilles Duceppe ou d'un autre député.

Il y avait donc très peu de confrontations entre Michel Gauthier et Jean Chrétien. Le Parti libéral, très stratégiquement (il avait toute mon admiration là-dessus), avait compris qu'il ne fallait pas faire en sorte que M. Gauthier acquière plus de notoriété. La solution consistait donc à l'affronter le moins possible.

Pour pallier le manque de visibilité du chef du Bloc, je souhaitais remplacer son attaché de presse, Michel Bourque.

«Il vous faut un attaché de presse qui sera à son affaire, qui va vous fixer des entrevues. On a besoin de visibilité, d'une personne qui sera en contact avec les médias écrits, électroniques, avec les recherchistes des émissions de télé et des talk-shows. Ça vous prend quelqu'un du milieu», argumentais-je.

Michel Bourque n'aurait nui à personne dans le rôle de conseiller politique. Il connaissait un peu différents dossiers et pouvait planifier quelques bonnes lignes politiques. C'était un type plein de qualités, mais il manquait d'organisation. Comme attaché de presse, il dérangeait beaucoup de monde et intervenait partout et à tout moment. Il était comme un chien dans un jeu de quilles.

Jamais M. Gauthier n'a voulu le changer. Il était anxieux à l'idée de me voir amener une personne qui essaierait d'avoir la main haute sur son horaire. Rien ne devait changer dans ses habitudes de travail. Nous avons seulement pu apporter de petites modifications aux responsabilités de son personnel rapproché. Ce n'était pas suffisant.

Pour le reste, nous roulions comme nous pouvions rouler. Assez bien dans certains cas, surtout en Chambre. Sauf que nous n'avons jamais réussi à accroître la notoriété publique de Michel Gauthier. Pourtant, notre commission des communications incluait plusieurs conseillers valables, comme Jean-Marc Léger (Léger et Léger), Yves Dupré (BDDS) et François Ducharme (Ducharme-Perron).

Michel Gauthier refusait souvent de participer à des émissions de radio ou de télévision ou de faire certaines interventions publiques. Dans un cas en particulier, je le soupçonne même d'avoir intentionnellement fait avorter un de nos projets.

Nous avions eu l'idée de l'envoyer participer à une émission de télévision avec sa moto. Nous avions essayé de le «vendre» à des revues ou à différents médias, mais il n'était pas un sujet d'entrevue très intéressant. Il ne pratique aucun sport et n'a aucun loisir, à part louer des films. Il aime aussi prendre une bière avec quatre ou cinq copains, toujours les mêmes, et c'est tout. Une vie tranquille, quoi.

Sauf qu'il avait une moto. Nous souhaitions établir des contacts pour qu'il soit reçu soit à *Chabada*, à Jean-Marc Parent ou à une émission comme celle de Patrice L'Écuyer, avec sa moto. L'idée de voir arriver le chef de l'opposition officielle assis sur une grosse bécane était tentante pour les gens de la télé. Toutefois, alors que nos démarches étaient entamées, Michel Gauthier m'apprenait qu'il avait vendu sa moto et qu'il ne pouvait plus participer à l'une de ces émissions. De toute évidence, il ne voulait pas aider sa cause.

Pour compléter le tableau, des spécialistes en communication nous avaient fait un rapport indiquant que Michel Gauthier était un «individu téflon», c'est-à-dire qu'il avait une image à laquelle rien n'attachait et que les gens pouvaient le confondre avec à peu près n'importe qui. Il arrivait souvent, d'ailleurs, que les gens le confondent avec le libéral David Collenette, qui passait lui-même souvent pour Michel Gauthier. Ce dernier était même moins connu que Gilles Duceppe, malgré le fait qu'il avait posé beaucoup plus de questions que lui à la Chambre des communes. Duceppe était plus présent dans la mémoire des gens, à cause de sa première élection dans Laurier–Sainte-Marie, et parce qu'il est le fils du regretté comédien Jean Duceppe. Alors, des événements spéciaux et des coups d'éclat devenaient nécessaires pour faire connaître Michel Gauthier, mais chaque fois que nous tentions de lui faire faire quelque chose, il était réticent, hésitant. Comme il n'avait jamais soigné son image publique, c'était en quelque sorte une cause perdue.

L'image est une donnée fondamentale en politique de nos jours, mais Michel Gauthier ne s'en était jamais soucié parce qu'il n'avait pas cherché à être chef. Il prenait goût aux avantages de cette fonction, mais il n'était pas comme un Bernard Landry ou un Pierre-Marc Johnson, un Paul Martin ou une Sheila Copps, pour ne nommer que ceux-là, qui ont tout mis en œuvre, tout orchestré dans le but d'occuper un jour un poste de leader ou un poste en vue. Chez les gens qui ont de telles ambitions, toute action, ne serait-ce qu'entrer dans une salle, toute démarche publique sont accomplies dans la perspective du «il faut bien paraître, être gentil, être reconnu».

Finalement, cette lacune est devenue un problème majeur chez Michel Gauthier. Il n'avait pas ce réflexe-là, et ça se voyait. Quand il entrait dans une salle, il fallait s'organiser pour que ses gardes du corps ou son personnel ne soient pas trop en évidence, parce qu'il arrivait que des gens viennent les saluer d'abord.

J'ai compris beaucoup plus tard que Lucien Bouchard avait placé Michel Gauthier à ce poste pour s'assurer de ne pas être surpassé au chapitre de l'image. Dès la passation des pouvoirs au sein du Bloc, M. Bouchard s'est arrangé pour ne pas être bousculé par qui que ce soit.

Un procédé analogue a été employé quand le Bloc a voulu déployer ses ailes et accroître sa visibilité. Étonnamment, le même Gilles Duceppe que Lucien Bouchard avait écarté de la direction avant de partir pour Québec était devenu, aux yeux de l'entourage de Lucien Bouchard, un leader plus charismatique, plus visible et plus compétent que Michel Gauthier. On savait pertinemment qu'en misant sur Gilles Duceppe, on ne réglerait pas le problème de crédibilité et de visibilité du Bloc, au contraire.

CHAPITRE VI

En plus d'un manque de collaboration de la part de l'équipe de Lucien Bouchard, un climat désagréable régnait au sein du Bloc, une crispation liée, d'une part, à la frustration de Gilles Duceppe de ne pas être le chef du parti et, d'autre part, à celle de ses amis de voir en poste une personne qu'ils avaient appuyée du bout des lèvres ou qu'ils n'avaient pas appuyée du tout.

Ces gens, sachant que Michel Gauthier ne tenait pas à ce poste, semblaient se dire qu'ils finiraient par avoir sa peau en remettant en question plusieurs de ses décisions, ce qu'ils faisaient à un rythme continu. Le plan était de toute évidence de faire de la place pour Gilles Duceppe, mais c'était comme si on avait oublié qu'il n'y avait pas que Gilles Duceppe ou Michel Gauthier qui, au Québec, étaient capables de remplir les fonctions de chef de parti.

Pour comprendre la partie qui se jouait, il faut savoir à quel point Michel Gauthier était sensible au blâme. Par exemple, il venait à peine d'arriver au poste de chef qu'un commentaire défavorable de Jean Dion, du *Devoir*, lui avait fait dire: «Ils s'en trouveront un autre, je n'ai pas voulu être ici.» Même s'il s'agissait d'une remarque inoffensive, elle révélait à quel point Michel Gauthier se sentait menacé. Ses réactions aux critiques, douces ou sévères, qui paraissaient dans les journaux étaient disproportionnées. Il ruait alors dans les brancards et n'était jamais tout à fait lui-même dans ces moments-là. C'est donc sur cette toile de fond que nous avons travaillé ensemble. Cela rendait le travail extrêmement pénible par moments.

La session parlementaire du printemps 1996 s'est tout de même déroulée de façon acceptable, même si au cours de l'été, Michel Gauthier a considérablement affaibli son leadership. D'abord, il n'est pour ainsi dire pas intervenu sur le plan constitutionnel, alors que les libéraux de Jean Chrétien déployaient leur plan B. Ensuite, M. Gauthier s'est montré très réticent à l'idée de se rendre au Saguenay–Lac-Saint-Jean (il était pourtant député de Roberval) à la suite des terribles inondations qui ont frappé cette région. Plusieurs députés, dont Gilles Duceppe, m'ont téléphoné pour me demander ce qui se passait avec le chef, et mon devoir m'obligeait à leur répondre que Michel Gauthier faisait les gestes appropriés dans les circonstances.

En vérité, le chef avait quitté à reculons Drummondville (où habitait son amie de cœur). Dans sa circonscription de Roberval, il s'était enfermé dans sa résidence, attendant que les gens réclament sa présence pour intervenir, ce qui ne fut pas le cas au cours des premiers jours du désastre. De telles catastrophes sont toujours difficiles pour un représentant de l'opposition (on l'a vu encore en 1998 avec la tempête de verglas), mais en tant que député de la région du Saguenay–Lac-Saint-Jean, Michel Gauthier aurait pu en dire et en faire davantage. Il s'y est cependant opposé, laissant ainsi toute la place au PQ et au gouvernement fédéral. À cette occasion, le fédéral s'est d'ailleurs gagné plusieurs nouveaux alliés en apportant une aide immédiate et constructive.

Dans les semaines et les jours qui ont suivi, j'ai dû continuer à défendre Michel Gauthier, d'autres députés ayant eu le réflexe de téléphoner pour me questionner sur son absence en des moments aussi cruciaux pour les Québécois. Au risque de passer pour un hurluberlu ou pour quelqu'un qui n'était pas conscient de la gravité des événements, j'ai continué à le défendre. Je n'avais pas à crier sur les toits que mon chef refusait de faire son devoir dans tel ou tel dossier.

D'ailleurs, au fil de nos conversations, M. Gauthier m'avait signifié à plusieurs reprises son intention de quitter le parti, et il me semblait de moins en moins enthousiaste. À un moment, je lui ai clairement fait savoir que, s'il voulait quitter son poste, je pouvais m'arranger pour que ce soit fait correctement, afin qu'il ne soit pas ridiculisé. Et dans l'hypothèse où il choisirait de rester à la tête de notre formation politique, je lui garantissais tout mon appui.

C'est ainsi qu'en août, Michel Gauthier m'a demandé d'aller tâter le terrain du côté de Jacques Parizeau pour savoir s'il pouvait être intéressé à s'impliquer au Bloc, et peut-être même à en devenir le chef. Dans le passé, il nous était arrivé à quelques occasions de parler de M. Parizeau, et nos conclusions étaient toujours que l'ex-premier ministre du Québec représentait l'homme de la situation pour le Bloc. Sans offrir le poste de chef à M. Parizeau, ma tâche était de faire les premières approches, c'est-à-dire d'en savoir davantage sur ce qu'il pensait du Bloc, de l'aide qu'il croyait pouvoir nous apporter, etc.

Le 28 août, pendant notre rencontre de deux heures à son bureau de Montréal, Jacques Parizeau a manifesté un vif intérêt pour le Bloc, et aussi beaucoup de réticences et d'inquiétude par rapport à Lucien Bouchard et aux compressions budgétaires pratiquées par le gouvernement québécois. M. Parizeau considérait, entre autres, que la fermeture de plusieurs délégations du Québec à l'étranger procédait d'une politique d'économie de bouts de chandelle ridicule, surtout quand on savait combien d'efforts le Québec avait investis pour se donner une voix aux quatre coins du globe. Nous avons donc parlé de la situation politique en général, et je lui ai demandé des suggestions de candidats et de candidates en vue des prochaines élections fédérales. La conversation s'est terminée sur une note fort positive, M. Parizeau se disant prêt à aider le Bloc à n'importe quel titre, à n'importe quel moment, mais toutefois je n'avais pas soulevé la possibilité qu'il en devienne le chef.

À mon retour à Ottawa, j'ai fait rapport à Michel Gauthier, qui m'a dit: «Je pense qu'il est prêt à faire le saut. Organise quelque chose, je vais aller le rencontrer.» Un rendez-vous a donc été fixé à la résidence de M. Parizeau, à Outremont. Quand mon chef est revenu, je lui ai tout de suite demandé si Jacques Parizeau avait accepté de prendre la direction du Bloc. Il a répondu que la discussion avait été cordiale, et au fil de son compte rendu, j'en suis venu à la conclusion que Michel Gauthier n'avait dit mot de son désir de quitter son poste de chef. J'ai donc pensé que l'épisode Parizeau prendrait fin sur ce silence gênant de Michel Gauthier.

Je dois toutefois souligner que, au cours de cette même période, un ami de Jacques Parizeau, l'avocat Joli-Cœur, m'avait téléphoné pour me faire part de l'intérêt de Jacques Parizeau pour la direction du Bloc. Me Joli-Cœur, qui s'est récemment rendu célèbre en plaidant l'argumentation souverainiste devant la Cour suprême, disait avoir senti l'intérêt de M. Parizeau à l'occasion de soupers amicaux. L'avocat et sa conjointe entretenaient, semble-t-il, de bons rapports avec le couple Parizeau-Lapointe.

Pour en savoir davantage, j'avais par la suite rencontré Jean Royer, qui était retourné à la vice-présidence de Loto-Québec après que Jacques Parizeau se fut retiré de la vie politique. J'avais alors demandé à Jean Royer de s'enquérir de l'intérêt de M. Parizeau, et il m'avait rappelé pour me dire que l'ex-premier ministre n'était pas du tout intéressé.

Les affaires courantes ont donc suivi leur cours à Ottawa. M. Gauthier et moi parlions alors beaucoup des améliorations à apporter dans l'équipe de députés. Puis M. Gauthier s'est mis à attaquer, directement et indirectement, certains députés. Il avait même procédé à un mini-remaniement de son cabinet fantôme. L'une des personnes touchées par ce remaniement était Michel Bellehumeur. Toutefois, M. Gauthier se trouvait dans une position inconfortable, car plusieurs députés, Brien, Bellehumeur et Ménard en tête, l'attendaient au tournant. On ne lui avait pas pardonné, entre autres, son absence médiatique durant les inondations du Saguenay.

Nous savions que quelque chose se tramait. J'ai même eu une rencontre avec Pierre Brien pour essayer de mieux voir venir les coups. Ce dernier m'a glissé à l'oreille que Michel Gauthier ne faisait peut-être pas son travail correctement, mais que les gens seraient probablement peu portés à l'attaquer de front.

«Ils vont s'en prendre à son entourage, à ses conseillers, à son chef de cabinet. C'est la tactique habituelle pour ébranler le chef», a-t-il mentionné en substance.

À ma grande surprise, cette stratégie a très modestement été mise en œuvre pendant la réunion du caucus. C'est d'ailleurs au cours de cette fameuse réunion préparatoire que Michel Gauthier a fait sa déclaration sur les souverainistes de salon. Cependant, comme cela lui était arrivé en d'autres occasions, il a fait fi des notes et des recommandations dont il disposait, qui lui auraient pourtant permis de prendre ses détracteurs de front. Il s'est plutôt mis sur la défensive en attendant les critiques. Ses détracteurs le savaient vulnérable, tandis que les personnes les mieux placées pour se porter à sa défense, les Gilles Duceppe et Suzanne Tremblay, ne l'ont jamais fait. Seul Yvan Loubier l'a défendu avec une certaine crédibilité. Quelques autres députés aussi ont tenté de prendre sa défense, mais comme ils étaient des proches de Michel Gauthier, leur démarche n'avait pas l'air très crédible.

Par la suite, Michel Gauthier a régulièrement exprimé son intention de démissionner, mais, disait-il, il ne voulait pas laisser à Québec le soin de lui trouver un successeur. Il me confiait la tâche de préparer son départ, et deux ou trois jours plus tard, il revenait sur sa décision. C'était invivable du point de vue de l'organisation du travail. Tantôt il disait: «Je ne participe plus à des activités publiques parce que je vais démissionner», et tantôt il se ravisait et déclarait: «Oui, je participe aux activités publiques parce que j'ai décidé de rester.» Il pouvait changer d'idée deux fois par semaine.

À ma connaissance, il a parlé une seule fois de ses intentions à d'autres personnes. Il m'avait demandé ce jour-là de lui préparer un plan stratégique qui lui permettrait de démissionner sans que Québec puisse se mêler des affaires du Bloc.

Le soir même, de retour à la maison, je commençais à ébaucher ce plan quand le téléphone a sonné. C'était Michel Gauthier. Il venait de prendre quelques verres avec Louis Arcand, Pierre Ménard et Michel Bourque.

«Je viens de parler avec les petits gars. Oublie le mandat que je t'avais donné. Je reste, pis les tabarnacs, ils vont fonctionner comme je le veux. Il n'est pas question que je me laisse avoir par ces câlisses-là.»

Le projet était encore stoppé. Je suis allé me coucher songeur. Or, le lendemain, nous étions de retour à la case départ, et Michel Gauthier n'était pas plus enthousiaste que la veille. Les mêmes discussions sont revenues sur le tapis quelques jours plus tard, mais j'avais planifié des vacances pour le début de novembre et je n'avais pas envie de les reporter.

«J'y réfléchirai pendant ton absence et on en reparlera à ton retour», a décidé M. Gauthier.

Dans l'intervalle, un article avait paru dans *Le Devoir* qui laissait entendre qu'un groupe de députés du Bloc sollicitait M. Jacques Parizeau de devenir le nouveau chef du parti. Quelques jours plus tard, j'ai reçu un appel de la secrétaire de M. Parizeau. Celle-ci m'a dit que son patron était revenu d'un séjour en France la veille au soir et qu'il désirait me rencontrer dans les plus brefs délais, que ce soit à Ottawa ou à Montréal.

Je l'ai donc rencontré dès le lendemain matin, à Montréal. Nous avons eu un long entretien, au cours duquel M. Parizeau a cherché à en savoir davantage sur le Bloc Québécois. Il a été question des finances, du membership, du caucus, de Michel Gauthier ainsi que de nos relations avec le gouvernement du Québec.

Cet intérêt marqué de l'ex-premier ministre pour notre formation politique m'incitait à croire qu'il se préparait à faire son entrée au Bloc. Cependant, peu après notre rencontre, dans une longue lettre publiée dans certains quotidiens, M. Parizeau rendait sa décision et annonçait qu'il ne se lancerait pas dans la course.

Dans cette lettre, l'essentiel du message qu'il transmettait aux souverainistes était qu'il fallait investir le Bloc. Encore aujourd'hui, je demeure convaincu que M. Parizeau était tenté par la possibilité de venir nous rejoindre à Ottawa, mais qu'il ne souhaitait aucunement s'engager dans une course à la direction. Comme Lucien Bouchard au PQ, peut-être espérait-il être couronné sans avoir d'opposant?

En tout cas, M. Parizeau savait que ni Yves Duhaime ni Gilles Duceppe ne voudraient abandonner la course pour lui laisser la place. Gilles Duceppe avait entrepris sa campagne depuis très longtemps, avec l'appui de Lucien Bouchard, tandis qu'Yves Duhaime était appuyé par Bernard Landry et Pauline Marois. Donc, M. Parizeau se serait engagé dans la course avec un retard trop important par rapport à ses opposants.

Cette période a été très fébrile. Depuis septembre, les employés du bureau commençaient à trouver mon attitude curieuse, et avec raison. Quand le chef me demandait de préparer sa démission, je devais en même temps donner aux autres l'impression qu'il était prêt à aller sur toutes les tribunes pour défendre le Bloc et faire la promotion de la souveraineté. Par ailleurs, je me disais que je ne pouvais faire travailler des dizaines de personnes à l'organisation d'une tournée provinciale tout en sachant que Michel Gauthier était sur le point de claquer la porte. Des gens ont parfois travaillé pour rien, moi le premier. La situation était pour le moins embarrassante. Mon adjointe, Carole Hupé, se rendait compte que j'étais plus silencieux que d'habitude et que je me comportais de façon particulière. La plupart du temps, j'étais seul avec M. Gauthier, mais je ne pouvais parler à quiconque de ce qui se passait. Je me sentais isolé. Certaines personnes comprendront peut-être mon attitude d'alors en lisant ces lignes, car je n'ai jamais eu l'occasion de m'expliquer avec elles par la suite.

Comme il avait été convenu, j'ai donc pris ma semaine de vacances. Plus mon séjour au soleil tirait à sa fin, moins j'avais envie de revenir, car je savais ce qui m'attendait à Ottawa: la démission de Michel Gauthier ou une contestation de plus en plus féroce de son leadership. Comme j'avais peu de chose à l'horaire la semaine suivante, j'ai envoyé une télécopie au bureau demandant d'annuler mes rendez-vous et mentionnant que tout allait bien, que je serais de retour une semaine plus tard que prévu.

Michel Gauthier a laissé entendre aux journalistes que j'étais malade ou fatigué. Je ne sais pas ce qui s'est passé durant mon absence, mais quand il m'a reçu dans son bureau à mon retour, il a dit que j'avais fais le bon geste dans les circonstances et qu'il aurait fait la même chose à ma place.

«Prends une autre semaine de congé. Je vais dire aux membres du caucus que tu es malade. On va se servir de l'occasion, j'ai pris ma décision, je démissionne. J'ai parlé avec Lucien Bouchard et je n'ai pas obtenu sa collaboration. Je peux même te dire qu'il m'a demandé de te congédier. Mais ce n'est pas de ses câlisses d'affaires, je ne le ferai pas. Je veux que tu prépares ma sortie. Tu pourras gérer ma démission de l'extérieur et personne ne pensera que cela vient de toi.»

Le chef du bloc m'a demandé de mettre au point une stratégie, et nous avons convenu de nous reparler durant la soirée. C'est alors qu'il m'a demandé de songer à une personne que nous pourrions contacter pour le volet médiatique du plan. M. Gauthier avait spécifié qu'il voulait que Gilles Duceppe, Michel Bellehumeur, Pierre Brien, Réal Ménard et l'entourage de Lucien Bouchard soient publiquement désignés comme ceux qui l'avaient poussé vers la sortie.

«Je vais t'embrasser si tu réussis ça», avait-il blagué.

Je lui ai proposé de passer l'information à Martin Leclerc, du *Journal de Montréal*.

«Je vais lui en parler et nous verrons si cela l'intéresse, ai-je dit. Mais il faudrait aussi préparer la relève, préparer le prochain chef et faire en sorte que le PQ ne soit pas en mesure de récupérer le Bloc et d'en faire ce qu'il veut.

— Non, non, a-t-il répondu. Prépare ma sortie et nous verrons le reste après.»

Nous étions jeudi. Dès le lendemain matin, je communiquais avec le courriériste parlementaire du *Journal de Montréal*. Comme il était en congé, la rencontre a eu lieu à son domicile. Je lui ai raconté ce qui se passait au Bloc. Il a fait ses vérifications, et le lundi 2 décembre, la nouvelle de la démission de Michel Gauthier faisait la une du tabloïd montréalais.

Une réunion spéciale du caucus avait été convoquée ce même lundi. Michel Gauthier avait prévu y annoncer sa démission, et comme il avait confirmé la nouvelle au journaliste et que le tout était étalé en première page, il avait quelque peu les mains liées. La réunion a tout de même duré beaucoup plus longtemps que prévu. Pendant une bonne partie du week-end, j'avais été en communication avec Michel Gauthier, Michel Bourque et Pierre Ménard. J'orchestrais la sortie de mon chef à partir de chez moi, et ces personnes y participaient de bon gré. Après plusieurs heures de réunion, M. Gauthier a fini par annoncer qu'il quittait la direction du Bloc.

Mais comme il m'avait enjoint de rester à la maison pour diriger l'affaire, je me rendais compte qu'il était en train d'assurer ses arrières. Si quelqu'un devait payer les pots cassés, il était évident que j'étais destiné à être le premier en ligne, quitte à ce qu'il me fasse passer pour un salaud devant le caucus.

J'avais cependant refusé de jouer à l'individu malade ou dépressif lorsqu'il m'en avait fait la proposition.

«Peu importe la maladie, tu n'as qu'à aller voir un médecin et à recourir à l'assurance-maladie de la Chambre. Comme ça, tu seras rémunéré», avait-il fait valoir.

J'ai suivi son conseil à moitié. Je suis bel et bien allé voir un médecin qui a confirmé que j'étais en parfaite santé. Je voulais ainsi protéger mes arrières car j'avais trouvé

bizarre cette proposition de M. Gauthier, comme s'il voulait me mettre sur une voie de garage, mais je ne savais pas
jusqu'où il était capable d'aller. J'avais un mauvais pressentiment du fait que Lucien Bouchard lui avait recommandé
de me congédier. Aux yeux de M. Bouchard, j'étais bien sûr
un emmerdeur de première classe, un de ceux qui pouvaient
influencer Michel Gauthier et faire en sorte qu'on parle
davantage de souveraineté. Mais Michel Gauthier avait-il
vraiment rejeté sa recommandation? Il était parfaitement
conscient qu'il risquait d'en payer le prix en refusant de se
débarrasser de moi.

Il me paraissait de plus en plus évident que Michel
Gauthier avait décidé de m'évincer après m'avoir fait accomplir la sale besogne. Je lui avais dit que j'étais prêt à
rester à la maison pendant une semaine ou deux. Puis est
arrivé le temps des Fêtes, et il a remis ça jusqu'au Nouvel
An.

«Je n'ai pas l'intention de me priver de tes services, tu
es mon chef de cabinet. Je te demande cependant de gérer
cela de chez toi, et s'il se pose des problèmes administratifs,
Pierre Ménard peut te donner un coup de main.»

J'étais donc en communication constante avec Pierre
Ménard et Michel Bourque. Ce sont les deux seuls, finalement, qui croyaient que j'étais malade, mais que je pouvais
continuer à m'occuper de certains dossiers. À travers cela, je
parlais à M. Gauthier régulièrement. Il venait à Montréal et
nous allions manger au restaurant. Les chauffeurs voyaient
bien qu'on se rencontrait souvent.

À peine quelques jours après l'annonce de la démission de Michel Gauthier, la course à sa succession était
déjà engagée en coulisses. Pour élargir le débat et pour respecter l'esprit démocratique instauré au PQ pendant la
course à la chefferie de 1985, j'ai réussi à convaincre
Michel Gauthier que le bureau de direction du Bloc devait
avoir recours au suffrage universel pour élire le prochain
chef. Il fallait éviter que Gilles Duceppe soit porté à la tête
du parti par un petit groupe de partisans. Dans mon esprit,

il était clair que ce mode de scrutin allait compliquer la vie de Gilles Duceppe.

Le 5 décembre, le Bloc annonçait que le suffrage universel avait été retenu comme mode d'élection, ce qui n'a pas manqué de faire des mécontents dans l'entourage de Gilles Duceppe et de Lucien Bouchard.

Peu de temps après, quand il fut confirmé qu'Yves Duhaime et Rodrigue Biron se portaient candidats à la direction du parti, j'ai demandé à Michel Gauthier de me permettre de travailler à la campagne d'Yves Duhaime. M. Biron était bien sûr un candidat valable, mais j'estimais que Duhaime avait plus de chances de l'emporter. Il me paraissait également évident que Biron devait retirer sa candidature à la faveur de Duhaime, afin d'éviter une division du vote qui allait à coup sûr favoriser Duceppe.

Bien qu'il ait détesté Gilles Duceppe, M. Gauthier s'est opposé à cette idée. Il voulait rester dans les bonnes grâces de Lucien Bouchard, qui avait mis son équipe à la disposition de Gilles Duceppe.

Peu après la période des Fêtes, j'ai reçu un coup de téléphone du journaliste Martin Leclerc. Il revenait d'un caucus national du Parti libéral fédéral, à Québec, où un ministre du gouvernement Chrétien lui avait appris l'histoire des indemnités de licenciement touchées par les collaborateurs de Lucien Bouchard au moment de leur départ d'Ottawa pour Québec. Le journaliste voulait une confirmation de l'affaire, mais je lui ai répondu que je devais faire certaines vérifications. J'ai aussitôt refilé l'information à Michel Gauthier, à qui j'ai conseillé de mettre le premier ministre au courant. Étant donné les démêlés qui avaient entouré cette affaire à mon arrivée à Ottawa, il était assez clair que, à Québec, nos *amis* étaient à tort convaincus que c'était moi qui avais donné l'information.

La nouvelle a finalement été publiée le 3 février 1997 dans *Le Journal de Montréal*. Et quand Michel Gauthier m'a téléphoné pour savoir s'il était exact que j'avais participé au caucus national des libéraux fédéraux, j'ai compris que des gens tentaient de me nuire.

Bref, je n'étais jamais en mesure de me défendre dans ces situations-là. Les jours suivants, Michel Gauthier m'a de nouveau enjoint de rester chez moi, cette fois pour préparer les notes de son dernier discours (qui devait être prononcé quelques heures avant l'élection de son successeur) et pour déterminer les enjeux de la prochaine campagne électorale. Je lui ai demandé de me transmettre ces requêtes par écrit. Cela pouvait lui être utile à lui aussi, j'imagine, par exemple pour justifier mon salaire auprès de la Chambre des communes.

Nous n'avons plus jamais reparlé de mon *état de santé*. Puis il a cessé de répondre à mes appels. Peu avant le congrès à la chefferie, il m'a fait parvenir une petite note manuscrite dans laquelle il me disait «merci». Cette note était adressée à «André Néron, conseiller politique». C'est de cette façon que j'ai appris officiellement que je n'étais plus chef de cabinet. En exécutant à la maison les travaux qu'il me confiait, je continuais cependant à toucher mon salaire annuel, qui était d'environ 100 000 $.

Finalement, le 15 mars 1997, au terme d'une course à la chefferie orchestrée d'un bout à l'autre par le bureau de Lucien Bouchard, ce qui devait arriver arriva. Profitant de la mauvaise organisation de ses deux plus sérieux rivaux, Yves Duhaime et Rodrigue Biron, Gilles Duceppe a été élu chef du Bloc au second tour de scrutin.

Témoin privilégié des événements ayant mené à cette mainmise du Parti Québécois sur le Bloc, j'ai contacté Jean Bédard, de Radio-Canada, pour lui offrir une entrevue. Notre entretien a été télédiffusé à RDI le 16 mars 1997, dans les heures suivant l'accession de Gilles Duceppe au poste de chef:

Jean Bédard: *Monsieur Néron, vous m'avez dit hier que si les délégués, les membres du Bloc allaient élire*

M. Gilles Duceppe, ce serait une grave erreur. C'est fait maintenant, il est chef. Est-ce que vous dites toujours que c'est une erreur grave?

André Néron: Je maintiens que c'est ce qui pouvait arriver de pire au Bloc Québécois et aussi pour l'autonomie du Bloc Québécois, par conséquent pour la souveraineté du Québec.

Pourquoi est-ce que vous dites cela?

Écoutez, il y a deux volets. Le premier concerne tous ceux et celles, particulièrement ceux, qui ont contesté le leadership de M. Gauthier, qui lui ont reproché de manquer de charisme, d'avoir moins d'idées, d'être moins connu. Gilles Duceppe était essentiellement, selon nos sondages internes, au même niveau de notoriété que M. Gauthier. Donc, ils n'ont pas réglé le problème en quelque sorte.

Est-ce que M. Duceppe était de ce groupe? Je sais que M. Gauthier en a nommé quelques-uns, trois députés qu'il a failli mettre à la porte. Est-ce que M. Duceppe faisait partie de ce groupe qui contestait assez directement M. Gauthier?

Oui. Je vais vous avouer que j'ai été très surpris, hier. Et j'aurais aimé entendre il y a plusieurs mois, quand il s'agissait du leadership de M. Gauthier, M. Duceppe parler avec autant d'intensité d'unité et de solidarité. Il est un peu trop tard maintenant pour des gens comme Pierre Brien, Michel Bellehumeur, Réal Ménard, Daniel Turp et Gilles Duceppe de parler de solidarité et d'unité, quand eux-mêmes n'ont eu aucun respect envers le leadership de M. Gauthier...

Comment se manifestait ce manque de respect, cette contestation larvée du leadership, de la part de M. Duceppe en particulier?

M. Duceppe le faisait moins ouvertement en public que les autres, bien sûr. Mais par ses gestes, par les gestes qu'il ne faisait pas aussi. Il était le leader parlementaire, donc en théorie l'homme de confiance. Un peu le rôle que jouait M. Gauthier avec M. Bouchard. Et M. Duceppe, à l'interne, n'a jamais, d'aucune manière, apporté de soutien à M. Gauthier, ni d'appui, ne l'a jamais défendu. Et, en d'autres circonstances qui se sont produites...

Comme quoi par exemple?

Je me rappelle, entre autres, lorsque M. Bouchard était sur le point de rencontrer M. Jean Chrétien, à l'été, je ne me souviens plus des dates précisément. J'ai appris quelques jours plus tard que nous n'avions pas été consultés ou avisés du moins, ce qui aurait été la moindre des choses, alors que M. Duceppe, lui, était au courant. Il était au courant et il n'avait pas informé son chef.

Donc, il y avait eu des communications entre le bureau de M. Bouchard – peut-être entre M. Bouchard lui-même – et M. Duceppe, mais Michel Gauthier, lui, n'était pas dans le coup.

Soit M. Bouchard, soit des gens de l'entourage de M. Bouchard, ou je crois des amis qu'ils ont en commun. Alors les perspectives sont toutes là, mais en plusieurs occasions aussi, il ne nous a pas soutenus, ou ne faisait pas ce qu'il avait à faire comme leader parlementaire, finalement. Il aurait dû dire: nous avons un chef qui a des choses à faire, on va travailler avec lui, on va se solidariser. Les plus proches collaborateurs de

M. Duceppe, je parle de la course à la direction, ont été Pierre Brien, Michel Bellehumeur et quelques autres. Eux contestaient publiquement M. Gauthier, et M. Duceppe ne les a jamais rappelés à l'ordre.

M. Gauthier a failli démissionner à quelques reprises, je crois. Il retenait toujours sa décision, même s'il voulait bien continuer comme leader, voyant un peu cette façon d'agir d'une partie des députés. Quel rôle a pu jouer Québec là-dedans, le bureau de M. Bouchard? Soit M. Bouchard personnellement ou d'autres qui ont joué un rôle dans le départ de M. Gauthier?

Moi, je pense que, depuis la course à la direction qui n'a pas véritablement eu lieu – il n'y a pas vraiment eu de course à la direction au congrès de 1996 –, M. Duceppe a agi de telle sorte qu'il y avait une certaine frustration chez lui et chez certains autres dans l'entourage de M. Bouchard, qui auraient souhaité voir M. Duceppe au poste de chef du Bloc. M. Bouchard disait lui-même, à l'époque, que M. Duceppe ne pouvait pas rallier la majorité des membres du caucus et n'était pas le rassembleur. Curieusement, une année plus tard, c'est un secret de Polichinelle, finalement, que M. Bouchard était derrière M. Duceppe. Et je pense que c'était relié, essentiellement, au fait que, par certaines déclarations ou certains agissements de M. Gauthier, de ma part ou de quelques autres, on a voulu vraiment que le Bloc acquière le plus d'autonomie possible. Être tout à fait distinct, et faire la promotion de la souveraineté, et finalement jouer un peu le rôle que M. Bouchard avait si souvent campé par rapport à M. Parizeau.

Mais est-ce que ça a pu jouer, le fait qu'on n'a pas aimé beaucoup, par exemple, qu'autour de M. Gauthier, enfin dans le cabinet de M. Gauthier si je comprends bien,

il y ait eu une sollicitation de candidats éventuels? Vous,
vous avez participé directement ou indirectement à la solli-
citation de candidats, comme Yves Duhaime par exemple,
Rodrigue Biron et d'autres.

Yves Duhaime, c'est M. Gauthier qui l'a rencontré.
Moi, j'ai rencontré M. Biron. J'ai rencontré quelques
autres personnes aussi. Ce que j'essayais de favoriser, moi,
comme contribution au Bloc, c'était la présence d'une
équipe qui se tienne à la Chambre des communes, des spécialistes de leurs dossiers, des gens bien connus dans leur
milieu, et qu'une seule intervention fasse beaucoup de
chemin dans les médias, dans les jours, dans les heures qui
auraient suivi l'intervention, en matière de culture, et par
rapport au ministère du Patrimoine de Sheila Copps, et
plusieurs autres.

Il y a déjà, bien sûr, d'excellents porte-parole au
Bloc. On pense à Yvan Loubier, par exemple. Mais il y en
a d'autres qui n'ont pas nécessairement cette qualité-là.
Et ils ont paniqué quand ils ont constaté que, dans les
sondages, même si le Bloc était en avance, il était un peu
plus faible qu'avec Lucien Bouchard, et là ils ont compris
que Lucien Bouchard ne les mènerait pas à la victoire. La
plupart des députés du Bloc ont été élus sous la bannière,
si l'on veut, en quelque sorte, de Lucien Bouchard à
l'élection de 1993. Ils sont passés avec la vague Bouchard. Les gens ne savaient pas nécessairement quel était
le nom du candidat ou de la candidate du Bloc dans leur
circonscription, mais ils votaient pour Bouchard. Ce
phénomène ne pourrait pas, se sont-ils dit, se reproduire
avec Gauthier. En fait, il ne se reproduira pas non plus
avec Duceppe, sauf que du fait que Duceppe est là, Bouchard aura sûrement beaucoup plus de place dans la campagne, même s'il en aurait eu aussi avec M. Gauthier.

Les députés du Bloc n'ont pas apprécié certaines
déclarations de M. Gauthier aussi. Je me souviens,

c'était en septembre je pense, quand M. Gauthier disait: «J'en ai assez des souverainistes de salon, et ça nous prend des candidats-vedettes.» Il y avait des déclarations que des députés n'acceptaient pas. Ce que M. Gauthier disait à ce moment-là, c'était pour renforcer l'équipe. M. Gauthier n'a jamais eu peur de s'entourer de gens plus forts, aussi forts que lui, et de candidats et candidates, de députés qui pourraient prendre de la place, de la place pour la souveraineté. Je pense que ça inquiétait grandement Québec et...

Le nom de M. Parizeau a circulé. Est-ce que quelqu'un, dans l'entourage de M. Gauthier, a sollicité directement ou indirectement M. Parizeau?

Moi, je vais vous dire très honnêtement, j'étais un de ceux qui croyaient que M. Parizeau était un important candidat, un très bon candidat pour le Bloc Québécois. Toujours dans la perspective d'être dans l'arène fédérale pour aller critiquer... pas critiquer pour le plaisir de critiquer, mais pour montrer ce qui ne fonctionne pas. Le Bloc Québécois ne prendra jamais le pouvoir, ne peut pas véritablement avoir de programme, et ça a comme conséquence qu'il y a une certaine limite dans les champs d'action. Avec d'autres, je pensais que M. Parizeau aurait pu prendre la place. Il y aurait pu y en avoir d'autres, aussi. M. Duhaime était un bon candidat, M. Biron aussi. Quand M. Gauthier déclarait, lorsqu'il a démissionné, qu'il faut ouvrir les fenêtres, je pense qu'il faisait allusion, oui aux idées, mais aussi il voulait dire: «Ayons des candidats et des candidates pour pouvoir prendre la place.»

J'ai fait quelques interventions auprès de certains individus. J'ai même rencontré, dans un cas, dans le cas de M. Biron par exemple, un ministre du Parti Québécois, le ministre de la Justice pour ne pas le nommer.

Paul Bégin?

... auprès duquel j'ai fait une démarche, et il n'y avait vraiment pas d'ouverture, y compris de la part des députés du Bloc. Et je pense que si le premier ministre avait souhaité que le Bloc soit une force, s'il avait voulu que le Bloc Québécois soit une entité forte et fasse la promotion de la souveraineté clairement, il serait intervenu dans le sens d'ouvrir des portes. Vous savez comment ça fonctionne.

Oui. Une dernière question. Quand on voit Yves Duhaime qui refuse de se rallier, M. Biron, par exemple, qui ne sera probablement pas candidat à la prochaine élection alors que c'était sa première intention, d'être candidat du Bloc à la prochaine élection... Où s'en va le Bloc avec Gilles Duceppe et l'élection qui s'en vient?

Vous savez, les partis politiques comme le Bloc ou le Parti Québécois sont des outils pour faire la souveraineté du Québec, pour promouvoir la souveraineté. Moi, je pense qu'on doit trouver une solution pour que les choses puissent avancer, peut-être de façon moins partisane et peut-être aussi politique. Je trouve dommage que M. Duhaime ne soit pas candidat au Bloc, même chose pour M. Biron, mais je les comprendrais de faire alliance. Voyez les gens du caucus actuellement, qui sont rangés derrière M. Duceppe – qui a contribué au départ de M. Gauthier avec quelques autres –, qui disaient hier: «Ne parlons pas du passé, mais parlons d'avenir.» Je pense qu'ils n'accepteraient pas ce genre de réponse de la part de Jean Chrétien: «Le fédéralisme est bon, ne parlons pas du passé, parlons d'avenir.» Il y a un malaise, il faut le régler dans les plus brefs délais...

Est-ce que Duceppe peut le régler, c'est là la question.

Non, pas du tout. Et je pense que même à Québec, ils ont ce problème-là. Quand Bernard Landry, le vice-premier ministre du Québec, et Pauline Marois, une ministre importante du gouvernement du Québec, appuyaient Yves Duhaime contre Lucien Bouchard...

C'est vrai qu'il y a des problèmes. Il y a des dissensions même au sein du...

Il y a des problèmes, mais je pense qu'on peut les régler en faisant le plus large consensus possible, pas de manière à contrôler tout de A jusqu'à Z pour des motivations qui ne sont pas nécessairement toujours connues.»

D'accord. Et vous sous-entendez M. Bouchard là.

M. Bouchard, M. Duceppe...

Merci beaucoup, monsieur Néron.

Avec plaisir.

Immédiatement après la diffusion de cette entrevue, le dimanche après-midi, un groupe de journalistes s'est dirigé vers Michel Gauthier pour obtenir ses commentaires. Ce dernier, dont les arrières étaient désormais assurées, prêchait alors l'unité autour de Gilles Duceppe. Il se dissociait de mes propos en déclarant qu'il ne savait pas où j'avais été chercher une telle histoire, et qu'il n'avait été témoin de rien. En somme, il disait que j'avais menti.

Le lendemain matin, Michel Gauthier apprenait cependant que Gilles Duceppe avait décidé de ne pas lui offrir le poste de leader parlementaire qu'il convoitait. Le 8 avril 1997, après avoir «réfléchi» à son avenir pendant quelques semaines, M. Gauthier a convoqué une conférence de presse, au cours de laquelle il a annoncé sa décision de demeurer au sein du Bloc Québécois en tant que simple député, pour se consacrer à la promotion de la souveraineté.

C'est après cette conférence de presse que nous nous sommes parlé pour la dernière fois. Après avoir assuré ses arrières à mes dépens, mon ex-patron osait me téléphoner comme si rien ne s'était passé. Écœuré par tant d'acrobaties verbales, de mensonges et de duperie, j'ai enregistré cette dernière conversation téléphonique.

D'entrée de jeu, je lui ai demandé pourquoi il avait choisi de rester en politique active, alors que Lucien Bouchard lui avait offert un emploi au sein de l'appareil gouvernemental québécois.

«Il m'a offert un poste, mais ça ne m'intéressait pas. Et puis je n'ai pas envie de laisser le bateau, a répondu Michel Gauthier. Je peux te dire que Duceppe a su par un de ses amis que Bouchard m'avait offert une grosse *job* qui m'aurait permis de gagner plus cher que le premier ministre. Une bien belle *job* de sous-ministre adjoint. En refusant, je ne dois rien à personne. Je suis *clean* et dégagé de toute responsabilité. Je n'ai aucun dossier à Ottawa, de sorte qu'ils ne peuvent pas m'en faire faire plus.»

Selon Michel Gauthier, le climat de travail était à son niveau le plus bas au sein du Bloc depuis la nomination de Gilles Duceppe, ce qui augurait très mal en vue des élections fédérales de juin 1997. Ce rendez-vous électoral était alors sur le point d'être déclenché.

«Je pense qu'ils vont avoir besoin de moi pas mal plus vite qu'on le pense», soutenait Gauthier, en faisant référence à la piètre performance de Gilles Duceppe en tant que chef. «D'après moi, il va en manger une câlisse en campagne électorale. Je vais te dire, je me tiens prêt à n'importe quoi. Je sais que son entourage panique actuellement. Ça fait trois semaines qu'on n'est pas sortis dans un journal une seule fois. Crisse, on n'est plus dedans pantoute. Je ne sais pas comment

Brien et Bellehumeur trouvent ça, la publicité qu'ils ont depuis trois semaines. Les députés ont la face longue en câlisse.»

Gauthier en voulait à Duceppe parce que le nouveau chef du Bloc lui avait préféré Suzanne Tremblay au poste stratégique de leader parlementaire. Je lui ai fait remarquer que Gilles remboursait simplement les dettes qu'il avait contractées envers ceux et celles qui l'avaient soutenu pendant la course à la chefferie.

Mais M. Gauthier n'en démordait pas, il avait l'impression d'avoir été victime d'un vol. Surtout que, à l'issue du congrès du Bloc, Jean Lapierre, l'animateur radiophonique et confident de Gilles Duceppe, avait passé un coup de fil à Michel Bourque pour lui annoncer que Michel Gauthier serait nommé leader parlementaire.

«J'ai dit à Duceppe: "Tu fais une crisse d'erreur." Il m'a répondu qu'il était capable de vivre avec ça. Il ne m'a pas donné le poste et je ne lui ai pas parlé depuis ce temps-là. Je lui ai dit: "Gilles, tu me fais perdre quatre semaines de session. Crisse, tu me fais perdre 12 000 $. Câlisse, j'ai besoin d'argent. Je suis comme les autres." J'ai dit: "Laisse-moi leader parlementaire, ça va me donner une prime de séparation assez substantielle, et je vais sacrer mon camp"», a ajouté Gauthier.

Puis, alors qu'il m'avait fait passer pour un illuminé auprès des représentants de la presse nationale pendant le congrès du Bloc, Michel Gauthier a fini par me dire qu'il avait beaucoup apprécié l'entrevue que j'avais faite avec Jean Bédard, en relation avec l'élection de Gilles Duceppe. Comme si, d'une fois à l'autre, il s'imaginait que personne ne le voyait faire ses volte-face.

«C'était très bon. La seule chose, c'est qu'à Québec, ma gang d'osties de paranoïaques sont convaincus que je suis en dessous de ça», a lancé Michel Gauthier.

«Le soir où j'ai fait ces déclarations, je peux vous dire que j'ai bien dormi», lui ai-je répondu.

Gauthier m'a confié qu'il n'avait pas voulu être «trop mal pris» avec mes déclarations, parce que certains de ses adjoints craignaient de ne pouvoir dénicher un autre emploi dans les milieux politiques. Cela étant, ces derniers avaient fortement réagi en prenant connaissance de mes propos.

«J'ai dit à Michel Bourque de se calmer. Je lui ai dit: "Disons qu'André aurait pu se la fermer durant le congrès, mais ce n'est pas la fin du monde. Il n'a dit que la vérité, câlisse"», a ajouté Gauthier, avant de me remercier d'avoir préparé son dernier discours. «Je me suis servi de tes notes intégralement. C'était quasiment mon discours. Tu sais comment je fais mes discours? Je suis parti avec des lignes à toi et puis j'ai brodé. J'ai aussi suivi la liste que tu m'as envoyée pour les lettres de remerciement. Après le congrès, je voulais t'appeler, mais là, j'étais en tabarnac. C'est moi qui étais dans la merde», dit-il.

Mon ex-patron était visiblement très en verve à la sortie de sa conférence de presse. Évincé du poste de leader parlementaire, relégué au rang de député d'arrière-ban, Michel Gauthier avait déclaré aux journalistes que son seul dossier serait désormais celui de la souveraineté. Il s'agissait, selon lui, d'un message très clair à l'intention des élus souverainistes de Québec et d'Ottawa.

«Ça veut dire que ceux qui veulent passer à côté de la track devront attacher leurs bretelles. [...] Tu sais comment ça se passe, les crisses de magouilles de Québec, là. J'vais te dire une chose, le fait que je reste à Ottawa, je pense que c'est une mauvaise nouvelle pour Lucien et pour Duceppe.»

Michel Gauthier s'attendait à ce que Gilles Duceppe appelle son «grand ami et conseiller», l'animateur radiophonique Jean Lapierre, ainsi que Lucien Bouchard.

«Il les appelle tous les jours, dit-il. Ils vont lui dire: "Mon Duceppe, t'es dans la merde."»

Par ailleurs, la décision d'Yves Duhaime d'affronter Jean Chrétien dans Saint-Maurice constituait une bonne nouvelle pour Michel Gauthier. Ce dernier voyait ainsi entrer dans la danse un allié qui se méfiait de Lucien Bouchard et qui ne respectait aucunement Gilles Duceppe.

«Penses-tu que Lucien Bouchard n'a pas compris que Duhaime et moi sommes deux barils de poudre? Gilles Duceppe est confortablement assis sur une planche appuyée sur deux barils de poudre», a affirmé Michel Gauthier.

Il a résumé sa pensée en ces mots: «Duceppe, c'est pas compliqué, je l'envoie manger de la marde.»

C'est donc dans ce piteux état que le Bloc, quelques semaines plus tard, a été entraîné dans une élection générale qui s'est avérée catastrophique à tous les égards pour le camp souverainiste. Peu après cette débandade des élections du 2 juin 1997, Michel Gauthier a été nommé leader parlementaire du Bloc et est devenu du même coup le bras droit de Gilles Duceppe!

Pour ma part, à peine quarante-huit heures après la course au leadership du Bloc Québécois, j'étais entré en contact avec Yves Duhaime. Ce dernier avait mal accepté qu'on lui préfère Gilles Duceppe, et il hésitait à se porter candidat contre Jean Chrétien dans Saint-Maurice.

L'ex-ministre péquiste disait partager l'analyse que j'avais faite sur les ondes de Radio-Canada. En échangeant nos points de vue sur divers sujets relatifs au Bloc, nous sommes tombés d'accord à de nombreux égards. Yves Duhaime disait avoir encore confiance en Michel Gauthier, dont l'attitude le laissait pourtant songeur. Bref, cette première rencontre s'est déroulée si cordialement qu'il a soulevé la possibilité que je devienne son directeur de campagne.

«On ne peut pas laisser Lucien Bouchard sans surveillance», a-t-il commenté.

À titre de président du Conseil pour la souveraineté, Yves Duhaime avait connu certaines difficultés avec M. Bouchard. Les deux hommes n'avaient pas d'atomes crochus, et plusieurs personnes m'en avaient fait part auparavant.

J'ai fait valoir que, étant devenu *persona non grata* au sein du mouvement souverainiste, il n'était peut-être pas approprié que je devienne officiellement son directeur de campagne. Je lui ai donc proposé de le conseiller à l'occasion, ce qui nous a amenés à avoir quelques conversations et rencontres avant et pendant la campagne électorale du printemps 1997.

Pendant la campagne, M. Duhaime m'a rappelé à l'occasion, pour solliciter certains conseils. C'est au fil de ces conversations que j'appris que Lucien Bouchard s'informait de tous ses déplacements pour être certain de ne pas se retrouver sur la même tribune que lui. Une belle façon de venir en aide à un candidat qui avait une chance de battre Jean Chrétien!

Yves Duhaime cherchait donc une façon d'obliger Lucien Bouchard à venir dans sa circonscription, ce qui était loin d'être évident dans les circonstances. Je lui ai finalement conseillé d'inviter Jacques Parizeau pour forcer la main à Lucien Bouchard.

«Ça aurait l'air bien fou que Jacques Parizeau acquiesce à votre demande et que Lucien Bouchard ne se présente pas», ai-je ajouté.

À la suite de cet entretien, Duhaime a fait parvenir une invitation à Jacques Parizeau, dont la présence dans Saint-Maurice a fait beaucoup de publicité à la campagne du candidat bloquiste. Et Lucien Bouchard, pour ne pas être en reste, s'est senti obligé d'accepter lui aussi l'invitation.

D'ailleurs, bien involontairement, M. Parizeau s'est retrouvé au cœur d'une importante controverse au cours de cette campagne, après que Michel Vastel, le chroniqueur du *Soleil*, à Québec, eut publié des extraits de son livre sur le point de paraître. Dans son analyse, Vastel en arrivait à la conclusion que l'ex-premier ministre n'avait jamais eu l'intention de respecter les promesses faites pendant la campagne référendaire de 1995. Le chroniqueur affirmait que M. Parizeau n'attendait qu'un Oui majoritaire pour déclarer unilatéralement et immédiatement la souveraineté du Québec.

Dans les heures qui ont suivi la publication de cet article, Jacques Parizeau a été renié par Lucien Bouchard, ainsi que par plusieurs membres du Conseil des ministres. Avant même d'avoir lu son livre ou obtenu des précisions de la bouche de M. Parizeau, on l'avait littéralement crucifié sur la place publique. J'ai été l'un des seuls à intervenir publiquement en faveur de M. Parizeau. Il était, à mon avis, impossible de douter de sa sincérité et de son intégrité en ce qui concernait l'entente tripartite de 1995 entre le PQ, le BQ et l'ADQ. Heureusement, l'ex-premier ministre fut plus tard en mesure de rétablir la vérité.

Ce triste épisode de la famille souverainiste m'a laissé pour le moins songeur parce que j'y ai été mêlé, quoique bien involontairement.

Quelques jours avant que Michel Vastel fasse éclater ce faux scandale, un autre journaliste du *Soleil*, Joël-Denis Bellavance, m'avait convié à un dîner. Durant cette rencontre, le journaliste était à maintes reprises revenu à la charge avec la même question: Jacques Parizeau sera-t-il impliqué dans la campagne du Bloc Québécois?

Ignorant que *Le Soleil* préparait un coup d'éclat en rapport avec le livre de Jacques Parizeau, j'ai confié simplement au journaliste que dans nos conversations, l'ex-chef péquiste s'était déclaré disponible pour intervenir dans la campagne du Bloc. Le journal en a alors profité pour monter en épingle le retour de Parizeau, histoire de donner encore plus d'importance à l'histoire que Michel Vastel devait publier deux jours plus tard. À mon avis, l'enchaînement des événements était trop bien orchestré pour ne pas avoir été planifié.

La sortie du livre de M. Parizeau et sa présence forcée dans une campagne électorale fédérale qui coïncidait avec sa tournée d'auteur ont cependant eu des effets positifs pour le BQ. À compter de ce moment, le Bloc a été obligé de recentrer sa campagne sur la souveraineté, ce qui lui a permis de se sortir de la médiocrité dans laquelle il s'enlisait.

En grande partie, les difficultés du Bloc pendant la campagne électorale venaient du fait que ses dirigeants avaient choisi de ne pas aborder le thème de la souveraineté auprès de l'électorat.

Des erreurs de campagne et des erreurs de contenu de la part de Gilles Duceppe ont vite amené les gens à constater que même si la campagne était dirigée d'en haut par le Parti Québécois, le chef du Bloc se cassait la figure aussitôt qu'on lui donnait un peu de liberté d'action. L'épisode du bonnet, ses démêlés avec le chauffeur de l'autobus des journalistes et de nombreuses déclarations malheureuses (exemple: «après un Oui, on pourra tenir un référendum pour revenir dans le Canada») ont entraîné le Bloc dans une chute libre.

La souveraineté n'a pas avancé, et le Bloc a reculé dans l'opinion publique. Après la campagne, les stratèges péquistes et bloquistes n'ont guère été plus brillants, en évitant à tout prix de se livrer à un véritable «post-mortem». Un tel exercice aurait vraisemblablement permis de corriger certaines lacunes.

Si Lucien Bouchard souhaitait que le Bloc mène une campagne en sourdine, avec un chef inefficace qui ne lui portait pas ombrage, son vœu a été exaucé.

Malgré tout, le Bloc a réussi à faire élire une quarantaine de députés, et toute forme de contestation ou de remise en question du gouvernement québécois a été annihilée. Le plus étonnant, c'est que les députés qui contestaient Michel Gauthier parce qu'ils craignaient d'obtenir un mauvais résultat avec lui n'ont manifesté aucun mécontentement devant le piètre résultat récolté par Gilles Duceppe, aussi faible que celui qu'ils avaient redouté.

Malgré toutes les erreurs de Duceppe, malgré tous les crocs-en-jambe qu'il a pu faire à son propre parti et au projet souverainiste, aucune contestation n'a été exprimée. On ne pourra jamais reprocher à Michel Gauthier – et c'est tout à son honneur – de s'être déjà mis les pieds dans les plats. Duceppe l'a fait à répétition, et curieusement, plus d'une année après son élection, on n'entend toujours pas de critiques à son endroit. Il est étonnant de voir à quel point le Parti Québécois se sent à l'aise avec Gilles Duceppe.

À un prochain référendum, un tandem souverainiste composé de Lucien Bouchard et de Gilles Duceppe serait-il en mesure de faire le poids contre un duo fédéraliste formé de Jean Charest et de Paul Martin? Poser la question, c'est y répondre.

Depuis 1996, il était prévisible que Jean Charest finirait par succéder à Daniel Johnson à la tête du PLQ. De même, il est à prévoir que Paul Martin prendra les rênes du Parti libéral du Canada quand Jean Chrétien décidera de tirer sa révérence, ce qui devrait advenir dans la deuxième moitié de son mandat.

Quand ce deuxième événement – prévisible – se produira, d'un seul coup, la nouvelle donne politique rejaillira sur le camp souverainiste. Daniel Johnson a fait le geste stratégique le plus approprié pour le camp fédéraliste en démissionnant dès que l'odeur des élections provinciales a flotté dans l'air. Il fallait beaucoup sous-estimer Daniel Johnson pour croire qu'il se rendrait à l'abattoir électoral le sourire aux lèvres. Lucien Bouchard regrettera peut-être longtemps de ne pas avoir déclenché les élections quelques semaines avant le départ de M. Johnson, alors que son parti avait le vent dans les voiles. Encore une fois une mauvaise stratégie de Lucien Bouchard.

À elle seule, l'arrivée de Jean Charest a bouleversé la stratégie des péquistes, qui ont de toute évidence été pris de court par les événements. Qu'est-ce que ce sera avec l'arrivée d'un nouveau premier ministre canadien dont la personnalité et la réussite à titre de ministre des Finances inspirent confiance aux Québécois?

Déjà, Lucien Bouchard commence à dire qu'il ne tiendra un référendum sur la souveraineté que si les conditions gagnantes sont réunies. Ce raisonnement nous ramène au point de départ: Qu'a-t-il fait pour mettre en place ces conditions gagnantes? Comment se fait-il qu'aucune stratégie n'ait été élaborée pour préparer ce prochain rendez-vous avec l'histoire?

Quelle étonnante anti-stratégie que celle de Lucien Bouchard! Comment a-t-il pu retirer son aide au Conseil de la souveraineté vers la fin de l'été 1997? Y a-t-il un lien entre cette décision et le fait qu'Yves Duhaime soit le président de cet organisme? Voulait-on punir M. Duhaime de s'être présenté contre Gilles Duceppe à la tête du Bloc? Ou M. Bouchard désire-t-il, encore une fois, être seul maître à bord et tout diriger? Et qu'advient-il des Partenaires pour la souveraineté?

Depuis que le gouvernement péquiste tourne le dos à ses alliés naturels, on mandate des personnes qui gravitent dans l'entourage du premier ministre dans le but de faire passer un message aux insatisfaits: «Ne contestez pas publiquement, ne faites pas de vagues, cela pourrait nuire à la cause», leur dit-on. Et si c'était le silence qui nuisait à la cause?

Il sera par ailleurs intéressant de voir comment Lucien Bouchard se comportera à l'égard de Jean Charest durant la prochaine campagne électorale québécoise. Y aura-t-il un débat entre les deux hommes? Pendant la dernière campagne référendaire, alors qu'on s'affairait à définir une formule de débat entre les chefs des camps souverainiste et fédéraliste, la seule hypothèse que M. Bouchard écartait d'entrée de jeu était celle qui lui faisait croiser le fer avec M. Charest. Les motifs de ces refus sont restés inconnus à ce jour. Entre ces deux ex-ministres conservateurs, il y a vraisemblablement quelque chose que M. Bouchard ne veut pas déterrer.

CONCLUSION

Le Parti Québécois et le mouvement souverainiste s'ap-
prêtent donc à vivre un rendez-vous électoral difficile, dont
le résultat apparaît plus qu'incertain. Ce n'est que justice,
diront les observateurs les plus avertis de la scène politique.
Après tout, la ferveur centralisatrice de Lucien Bouchard et
sa façon d'agir, comme s'il incarnait à lui seul le projet souverainiste, sont en train de démolir, brique par brique, l'im-
posant édifice construit à l'occasion du référendum de 1995.

Le projet souverainiste est censé être rassembleur, mais
en réalité, Lucien Bouchard s'est isolé de la plupart de ses
alliés pour mieux exercer son pouvoir à Québec. Dans ce
contexte, il n'est guère surprenant que Québec ait fait
montre d'aussi peu de respect envers le Bloc, en réduisant
le plus possible sa collaboration avec l'équipe souverainiste
en poste à Ottawa. Par exemple, dans des dossiers aussi cruciaux que ceux de l'assurance-emploi ou de la formation de
la main-d'œuvre, il nous était à peu près impossible d'obtenir une collaboration satisfaisante de la part de Québec.
Louise Harel ne nous tenait au courant de rien. Nous avons
aussi eu des problèmes avec le ministère des Finances de
Bernard Landry. Pour à peu près tous les dossiers majeurs, le
Bloc était volontairement mis sur la touche par ses *alliés* de
Québec.

À cet égard, le fait qu'au printemps 1996 des réunions
secrètes ont été tenues à Ottawa en vue de préparer une rencontre entre Lucien Bouchard et Jean Chrétien à la Cita-
delle de Québec en est sans doute l'exemple le plus éloquent.
Il était inconcevable que personne ne nous en ait informés

et que nous ayons finalement appris la nouvelle par le biais des médias. Il fallait entendre Charles Chevrette (adjoint du chef de cabinet de Lucien Bouchard) essayer de justifier cet «oubli» au téléphone.

Quelques jours après que la nouvelle eut été rendue publique dans les médias, le vice-président du PQ, Fabien Béchard, m'avait également appris qu'il n'avait jamais été mis au courant des démarches de Lucien Bouchard. C'était quand même gros que le président d'un parti ne juge pas nécessaire d'aviser son vice-président d'une rencontre avec Jean Chrétien, qui est non seulement le premier ministre du Canada, mais aussi un adversaire politique de longue date du mouvement souverainiste. Je ne dis pas que de telles rencontres ne doivent pas avoir lieu, mais il faut à tout le moins en discuter.

Peu après cet affront, *Le Devoir* du samedi 17 août 1996 annonçait que Gilles Duceppe songeait à faire le saut en politique provinciale. Dès le lundi suivant, un peu gêné, François Leblanc communiquait avec moi pour me raconter ce que je savais déjà: Lucien Bouchard et Michel Gauthier avaient déjà parlé d'un éventuel «transfert» de Duceppe à Québec. Mais il ne comprenait pas comment et pourquoi cette histoire s'était retrouvée dans les journaux.

François Leblanc m'a alors annoncé qu'il avait été mandaté par Lucien Bouchard pour s'occuper de l'arrivée de Duceppe à Québec. Je lui ai répondu qu'il aurait été plus honnête d'en reparler avec Michel Gauthier ou avec moi, au lieu de procéder d'une façon hypocrite.

Un peu plus tard, j'ai demandé à mon adjointe de communiquer avec Gilles Duceppe. Ce dernier se trouvait alors en Malaisie. Il avait lui-même demandé de faire ce voyage à la place d'un collègue, et curieusement, la nouvelle était publiée pendant son absence. Au téléphone, en menteur consommé, Duceppe jurait dur comme fer qu'il n'avait jamais été question qu'il s'en aille à Québec. Il ignorait visiblement que François Leblanc venait de me raconter exactement le contraire.

«C'est parfait comme ça. Tu n'auras donc pas de mal à nier l'affaire quand les journalistes vont t'appeler. Parce que, dans le cas contraire, Michel Gauthier a dit qu'il t'expulsera du caucus sur-le-champ», lui ai-je répondu.

Quelques minutes après cet appel, j'ai reçu un coup de téléphone d'une attachée au bureau de circonscription de Gilles Duceppe. Cette personne, qui était la conjointe de nul autre que François Leblanc, a tenté de me convaincre que cette histoire concernant Duceppe à Québec n'était qu'une rumeur non fondée.

Ceux qui voulaient attirer Gilles Duceppe à Québec étaient donc dans le trouble. D'un seul coup, Duceppe était disqualifié pour le poste qu'il convoitait au Conseil des ministres, et il craignait en outre que Michel Gauthier ne se débarrasse de lui.

«Gilles est quand même le leader parlementaire. Vous pouvez le congédier tout de suite ou le garder, mais quel que soit votre choix, il y aura des conséquences», ai-je fait valoir à M. Gauthier.

L'une de ces conséquences était la possibilité de perdre le statut d'opposition officielle, puisque nous comptions presque le même nombre de députés que le «Reform Party». Ceci étant, Michel Gauthier a décidé de ne pas expulser Gilles Duceppe et m'a demandé de gérer la suite des événements.

Le 23 août, je me suis donc retrouvé sur un terrain de golf en compagnie de Bob Dufour et du député Benoît Sauvageau. Assis à mes côtés dans la voiturette électrique, Dufour ne ménageait pas ses mots.

«Toute cette histoire a été mal gérée par François Leblanc. Il n'avait pas d'affaire à se mêler de ce qui ne le regarde pas. Ce gars-là a toujours essayé de mener le Parti Québécois, il lui arrive même de me passer par-dessus la tête pour monter ses combines», rageait Dufour.

En somme, Bob Dufour demandait que Gilles Duceppe ne soit pas réprimandé pour avoir voulu passer au Parti

Québécois. J'ai répondu que j'avais déjà convaincu Michel Gauthier de garder Duceppe.

«Ils auront une discussion d'homme à homme au retour de Duceppe, mais tu n'as pas à t'inquiéter à ce sujet», ai-je ajouté.

Quelques jours plus tard, Jean-Marc Léger demandait à me rencontrer. Nous avons donc dîné ensemble au restaurant des parlementaires, à Ottawa. Je me doutais bien que Jean-Marc voulait me parler d'autre chose que de sondages. Il voulait s'assurer que le Bloc n'était pas sur le point de mettre Gilles Duceppe à la porte. Il voulait surtout être sûr que nous n'étions pas en train de nous organiser avec le PQ pour que Duceppe se présente à l'investiture péquiste dans la circonscription de Pointe-aux-Trembles.

Jean-Marc Léger avait déjà préparé le terrain avec sa sœur Nicole, qui voulait devenir députée de Pointe-aux-Trembles.

«Si ta sœur veut devenir députée, elle pourrait se présenter pour nous dans la circonscription de Mercier, car nous cherchons à nous débarrasser de Francine Lalonde et à la muter à un autre emploi», lui ai-je dit.

Sauf que sa sœur voulait absolument se présenter sur la scène provinciale. Et Jean-Marc m'a annoncé qu'il avait prévu rencontrer François Leblanc immédiatement après le dîner. Il savait que Leblanc avait été chargé d'écarter sa sœur Nicole pour faire de la place à Gilles Duceppe.

«Duceppe est cuit à Québec. Et puis franchement, le simple fait que M. Bouchard dise qu'il voulait avoir Gilles à Québec pour renforcer son Conseil des ministres, je trouve ça assez insultant pour les gens qui sont déjà en place», ai-je commenté.

Jean-Marc et moi nous sommes donc quittés en nous disant que, malheureusement, le Bloc allait probablement rester avec Gilles Duceppe et Francine Lalonde sur les bras.

Certains conflits entre le Bloc et le PQ ont aussi éclaté dans les circonscriptions bloquistes pendant les investitures en vue des élections fédérales de 1997. Le cas de Daniel

Turp, au moment de l'investiture dans Beauharnois-Salaberry, en est un bel exemple.

Même si Turp nous cassait les pieds, à la demande de Michel Gauthier, j'avais abordé cette question avec Bob Dufour et Hubert Thibault (alors chef de cabinet de Lucien Bouchard, en remplacement de Gilbert Charland), et on me répondait de façon très évasive.

«Nous essayons de contacter Deslières, mais il n'y a rien à faire avec lui», répondait l'entourage de Lucien Bouchard, qui nous prenait vraisemblablement pour des cruches.

On tentait de nous faire croire que même le ministre des Affaires internationales, Sylvain Simard, s'était mêlé du dossier. Et, surtout, on essayait de nous faire avaler qu'un député d'arrière-ban comme Deslières pouvait impunément tenir tête au premier ministre. Je comprenais alors clairement que le PQ n'aiderait le Bloc en aucune manière alors qu'il lui était très facile de le faire. Dans plusieurs cas, il aurait été si simple de nous aider. À la place, Québec semait des embûches sur notre chemin.

Dans certains cas de grenouillage, par exemple quand le PQ concoctait le déplacement de Gilles Duceppe, de Pierre Brien et de Michel Bellehumeur vers Québec, ou quand certains ministères omettaient de collaborer avec nous, nous avions de la difficulté à comprendre pourquoi on mettait du sable dans l'engrenage, et nous étions incapables de repérer, dans l'ordre hiérarchique, les personnes qui ne faisaient pas leur travail en ne communiquant pas avec nous. Mais à partir du moment où le PQ tentait de saboter nos assemblées d'investiture, il s'agissait de conflits très directs. On parlait alors carrément d'obstruction venant directement des plus hauts échelons du PQ.

Michel Gauthier et moi nous étions personnellement mêlés de ce dossier. Mais au lieu d'en prendre acte, l'entourage de Lucien Bouchard ne donnait pas suite à nos interventions. On nous disait «oui, oui, on s'en occupe», mais finalement, on ne faisait rien. Au PQ, on n'aimait pas certaines des interventions de Michel Gauthier, on désapprouvait certaines de nos démarches. Et en particulier, on n'appréciait pas que j'intervienne dans des dossiers qui allaient nous permettre de promouvoir davantage la souveraineté et d'augmenter directement la qualité de l'équipe bloquiste à Ottawa.

Il ne faut pas cacher que les candidats qui se préparaient à prendre part aux élections de 1997 étaient en grande partie les mêmes que ceux qui avaient été portés par la vague Bouchard en 1993. Nous voulions en remplacer plusieurs, non que cela soit en rapport avec les personnalités, mais il était clair qu'un certain nombre d'entre eux devaient laisser leur place, quitte à ce qu'on leur trouve un autre emploi dans la machine gouvernementale. Mais il fallait absolument faire le ménage.

Nous avions commencé à avoir ce genre de discussions dès le printemps 1996. Puis, l'automne suivant, alors que nous tenions une réunion du caucus au Manoir Richelieu, le chef du Bloc avait déclaré aux députés: «J'en ai assez des souverainistes de salon, il faut maintenant passer à l'action.»

Cette remarque visait effectivement Lucien Bouchard et d'autres personnes, mais elle signifiait aussi que le Bloc avait besoin de candidats-vedettes. Le recrutement de cette relève m'avait même été confié. C'est ainsi que plusieurs candidats potentiels avaient été pressentis. Avant que Michel Gauthier remette sa démission, Rodrigue Biron avait accepté de devenir candidat, de même qu'Yves Duhaime (ce dernier ayant été sollicité par M. Gauthier à ma demande). Des démarches très sérieuses avaient aussi été entreprises auprès de Serge Turgeon, le président de l'Union des artistes, et de Jacques Parizeau, comme je l'ai dit plus haut.

Si Lucien Bouchard avait vraiment voulu renforcer l'équipe souverainiste, il nous aurait aidés dans notre programme d'action en décrochant le téléphone et en faisant un certain nombre de démarches en collaboration avec nous. Imaginons une seconde Lucien Bouchard prendre le téléphone pour joindre Serge Turgeon ou Jacques Proulx (Solidarité rurale), pour solliciter Claude Béland du Mouvement Desjardins ou des personnes du calibre de Pierre Paquette, alors à la CSN.

Même si M. Gauthier n'était pas nécessairement de ceux qui ont la plus grande influence, si ses appels avaient été faits avec l'appui du premier ministre, le visage du Bloc Québécois et du mouvement souverainiste ne serait pas ce qu'il est maintenant. Michel Gauthier n'aurait eu qu'à présenter ses offres, et Lucien Bouchard, dans une conversation subséquente, aurait pu mettre son poids dans la balance en demandant aux personnes pressenties de faire un tel geste dans l'intérêt du Québec et de la souveraineté. C'est ce qui se serait passé si on avait travaillé dans la perspective d'améliorer les choses. Mais à la place, on nous nuisait, sans doute afin de maintenir le Bloc dans une position de faiblesse.

La seule analyse qui tienne est celle-ci: Lucien Bouchard va nous annoncer des élections en précisant qu'il s'engage à tenir un référendum sur la souveraineté à condition qu'il soit gagnant. Tous les souverainistes, et moi le premier, seront d'accord avec lui sur cette question.

Mais ce dont bien peu de personnes se souviendront, c'est que, dans plusieurs circonstances précises de la petite histoire politique, Lucien Bouchard, le chef des souverainistes, n'a rien fait, ne fait toujours rien et ne fera jamais rien pour augmenter les chances de victoire du Oui. Il n'a jamais rien fait pour améliorer la qualité de l'équipe souverainiste ni pour la rendre plus crédible.

Cette nécessité de renforcer l'équipe du Bloc Québécois, Michel Gauthier l'avait accepté. Comme il n'avait pu bénéficier d'une course à la chefferie à grand déploiement, il savait qu'il n'avait pas la possibilité de se forger une image assez forte pour mener le Bloc en campagne électorale. Il avait fait son *mea culpa*, et en analysant les manquements de Lucien Bouchard, il nous apparaissait clairement que, de son côté, le premier ministre avait également miné les chances de mieux faire connaître, et d'aider, le nouveau chef du Bloc.

En l'absence de toute forme de collaboration de la part de Québec, la solution logique était de prendre nos responsabilités de parti souverainiste autonome, de construire une équipe solide et d'orienter notre action sur la souveraineté. M. Gauthier avait donc convenu que la cause souverainiste en sortirait grandie et que les gens seraient fiers, dans la perspective d'une élection, de miser sur de nouveaux candidats, sur quelque chose de novateur. Cette démarche était essentielle, parce que le message du Bloc était plutôt difficile à renouveler en vue de la campagne électorale fédérale.

Les gens du PQ nous disaient déjà qu'il ne fallait pas formuler trop de messages directs sur la souveraineté. Selon eux, l'intérêt du Bloc était de privilégier un message du genre: «Défendons l'intérêt des Québécois et des Québécoises.»

Il ne s'agit pas ici de faire des analyses d'ADN pour savoir si Lucien Bouchard est véritablement souverainiste. Il l'est et tant mieux. Mais le président du Parti Québécois est en même temps fort dangereux. Communicateur hors pair, il a le don de toujours avoir le bon mot ou la bonne image lui permettant d'arriver à ses fins. Il se sert de ses enfants ou de sa femme quand cela lui est politiquement utile. Il fait aussi référence à René Lévesque lorsqu'il en a besoin, et parle de souveraineté en présence de militants souverainistes. Il évoque aussi les principes fondamentaux de la démocratie... même s'il n'a pas été élu premier ministre. Bref, il fait référence à tout ce qu'il veut, et les gens ont confiance en lui. C'est ça qui est dangereux.

On ne sait jamais où s'en va Lucien Bouchard ni comment il s'y prendra pour y aller. Mais il a une idée en tête, et pour arriver à ses fins, il écrasera tous ceux qui ne pensent pas comme lui plutôt que de tenir un débat. Je l'ai vu agir dans ce sens à plusieurs reprises. Depuis qu'il fréquente le bunker, Lucien Bouchard a plus que jamais développé une mentalité de dictateur. Pendant la rédaction de ce livre, j'ai rencontré l'une des proches collaboratrices du premier ministre, qui disait avoir hâte que «quelqu'un le remette à sa place». Elle ajoutait que dans les hautes sphères du Parti Québécois, on surnomme Lucien Bouchard «le Cobra», ce qui en dit long sur sa façon d'agir.

Durant la période préréférendaire, on considérait cet homme comme une sorte de sauveur, et on essayait de lui laisser le devant de la scène le plus souvent possible. Dans les assemblées publiques, il était courant de voir des hommes et des femmes se bousculer pour pouvoir toucher «saint Lucien». Mais ça ne voulait pas dire au sauveur: «Prends la caisse et le cadenas qui est dessus et pars en emportant le tout. Va-t-en avec le contenu des idées, et fais-en ce que tu veux.»

Au lendemain du référendum, j'étais de ceux qui étaient prêts à le suivre. Mais depuis, son comportement a fait déchanter bon nombre de militants. Lucien Bouchard n'est pas le détenteur de la cause souverainiste. Une cause aussi importante doit appartenir au peuple. Il est important que des personnes ou des groupes puissent avoir cet individu à l'œil. On n'a pas le droit de le laisser faire à sa guise. Le PQ va devoir incessamment faire face à ce problème, et c'est malheureusement le mouvement souverainiste qui va payer pour les erreurs de Lucien Bouchard.

Nous avions entrepris quelque chose d'important au Bloc Québécois, mais tout a été saboté. Une telle opération de renouveau est presque irréalisable au sein du Parti Québécois, parce qu'on ne peut écarter du chemin des personnes valables qui occupent déjà des fauteuils de ministre et qu'on ne peut évincer des gens qui siègent sur les banquettes arrière depuis des années dans l'espoir d'accéder au Conseil des ministres. Quand un parti détient le pouvoir, les luttes internes sont beaucoup trop vives pour permettre ce genre d'initiative.

Voilà ce qu'il faut porter à l'attention des souverainistes, et plus particulièrement des Partenaires pour la souveraineté et des leaders d'opinion les plus haut placés. Je me souviens d'une conversation avec Gérald Larose, qui me disait: «On peut très bien faire des compressions, on peut très bien gérer le gouvernement, on peut s'en prendre aux travailleurs, on peut travailler de concert avec les syndicats ou se retourner contre eux, on peut s'occuper de sommets socio-économiques, mais on n'a pas le droit de ne rien faire pour préparer la souveraineté.»

Préparer la souveraineté, c'est préparer les élections et préparer un autre référendum. C'est faire en sorte qu'on puisse, jour après jour, renseigner la population sur les avantages de la souveraineté pour les Québécois. Il faut cesser de répéter que les fédéralistes sont des méchants et que leur option n'est pas bonne pour le Québec. Il faut expliquer clairement et précisément quels seront les avantages concrets de la souveraineté. On doit absolument exiger des précisions de la part de Lucien Bouchard. On doit exiger qu'il pose des balises pour préparer la souveraineté. Il ne s'agit pas de prononcer des discours enflammés ni d'inviter les partisans du mouvement souverainiste à descendre dans la rue avec leurs tuques de patriotes ou leurs fleurdelisés.

Il faut qu'il y ait une concertation réfléchie à huis clos et des débats publiques. Elle est révolue, l'époque où l'on gagnait des votes en pratiquant le chantage «mon père est plus fort que le tien». Les gens vivent maintenant dans un village global, et ils sont capables de se faire une opinion en analysant eux-mêmes les situations. Il ne faut donc pas renoncer à pénétrer dans chaque foyer du Québec. Dans cette perspective, certaines initiatives péquistes, en particulier l'opération Convaincre (qui devrait être permanente), ainsi que les consultations publiques sur l'avenir du Québec, étaient fort belles. Les consultations ont été mal orchestrées, mais l'idée qu'avait eue Jean-François Lisée à ce moment-là était cependant louable.

Jamais l'objectif ne sera atteint si on s'entête à mobiliser les partisans de la souveraineté seulement quelques semaines avant la tenue d'un référendum. On ne peut pas espérer gagner un référendum grâce à quelque trente jours de campagne. Au lieu de cacher la souveraineté comme une maladie honteuse, Lucien Bouchard doit au contraire tout mettre en œuvre pour en faire une question de fierté.

Par exemple, au printemps 1998, le premier ministre a annoncé sa participation à une mission commerciale aux États-Unis en utilisant une rhétorique fédéraliste. Au lieu de présenter ce voyage comme une occasion de faire la promotion du Québec, Lucien Bouchard a indiqué qu'il allait «refaire l'image du Québec et répondre aux inquiétudes des Américains». C'est le discours préféré des fédéralistes que de prétendre que la question constitutionnelle crée l'instabilité politique.

Depuis qu'il est au pouvoir, le chef du Parti Québécois a démontré son incapacité à rallier le plus grand nombre de personnes autour d'une cause. Il a voulu jouer à celui qui gérait la machine gouvernementale et s'est mis beaucoup de gens à dos. Il l'a fait pour atteindre des objectifs qu'il s'était fixés avec un certain nombre de gens d'affaires. L'administration courante de l'État est certes fort importante, mais on ne doit pas mettre la souveraineté de côté.

La souveraineté ne se quémande pas, elle se prend, avec l'aide de policiticiens convaincus, sincères et déterminés. Que l'on prenne du recul, que l'on mette à profit le délai que nous impose l'inertie de M. Bouchard et que l'on définisse une stratégie solide. Si rien n'est entrepris pour recréer une grande coalition autour du projet indépendantiste, les souverainistes attendront encore bien longtemps la place qu'ils désirent occuper à la table des nations.

Texte de l'entente
entre le Parti Québécois,
le Bloc Québécois et
l'Action démocratique du Québec

Ratifié par
MM. Jacques Parizeau, Lucien Bouchard
et Mario Dumont

Le 12 juin 1995

Un projet commun

Représentant le Parti Québécois, le Bloc Québécois et l'Action démocratique du Québec, nous convenons d'un projet commun qui sera soumis au référendum, afin de répondre, de manière moderne, décisive et ouverte, à la longue quête des Québécois pour la maîtrise de leur destin.

Nous convenons de conjuguer nos efforts pour qu'au référendum de l'automne 1995, les Québécois puissent se prononcer pour un véritable changement: faire la souveraineté du Québec et proposer formellement un nouveau Partenariat économique et politique au Canada, visant notamment à consolider l'espace économique actuel.

Les éléments de ce projet commun seront intégrés au projet de loi qui sera déposé à l'automne et sur lequel les Québécois se prononceront lors du référendum.

Nous croyons que ce projet commun est respectueux des vœux d'une majorité de Québécoises et de Québécois, qu'il est le reflet des aspirations historiques du Québec, et qu'il incarne de façon concrète les préoccupations exprimées au sein des Commissions sur l'avenir du Québec.

Ainsi, notre projet commun rompt avec le statu quo canadien, rejeté par l'immense majorité des Québécois. Il est fidèle à la volonté d'autonomie des Québécois et fait en sorte que le Québec devienne souverain: perçoive tous ses impôts, vote toutes ses lois, signe tous ses traités. Notre projet exprime aussi le souhait des Québécois de maintenir un lien souple et équitable avec nos voisins canadiens, pour gérer en commun l'espace économique, notamment par la mise en place d'institutions communes, y compris de nature politique. Nous sommes convaincus que cette proposition est conforme aux intérêts du Québec et du Canada, mais nous ne pouvons bien sûr préjuger de la décision que les Canadiens auront à prendre à cet égard.

Enfin, notre projet répond au vœu maintes fois exprimé ces derniers mois que le référendum puisse rassembler le plus grand nombre de Québécois possible sur une proposition claire, moderne, ouverte.

Le mandat référendaire

Après une victoire du Oui au référendum, l'Assemblée nationale aura, d'une part, la capacité de proclamer la souveraineté du Québec et le gouvernement sera tenu, d'autre part, d'offrir au Canada une proposition de traité sur un nouveau Partenariat économique et politique qui vise notamment à consolider l'espace économique actuel.

La question incorporera ces deux éléments.

L'accession à la souveraineté

Dans la mesure où les négociations se déroulent positivement, l'Assemblée nationale déclarera la souveraineté du Québec après entente sur le traité de Partenariat. Un des premiers gestes du Québec souverain sera la ratification du traité de Partenariat.

Ces négociations ne dureront pas plus d'un an, sauf si l'Assemblée nationale en décide autrement.

Dans la mesure où les négociations seraient infructueuses, l'Assemblée nationale pourra déclarer la souveraineté du Québec dans les meilleurs délais.

Le traité

Les nouvelles règles et la réalité du commerce international permettront à un Québec souverain, même sans Partenariat formel avec le Canada, de continuer à bénéficier d'un accès aux marchés extérieurs, entre autres à l'espace économique canadien. De plus, un Québec souverain pourra, de son propre chef, garder le dollar canadien comme devise.

Toutefois, étant donné l'ampleur des échanges économiques et l'intégration des économies, québécoise et canadienne, il sera à l'avantage évident des deux États d'élaborer, par traité, un Partenariat économique et politique.

Le traité engagera les parties et prévoira les mesures aptes à maintenir et à améliorer l'espace économique existant. Il établira les règles de partage des actifs fédéraux et de gestion de la dette commune. Il prévoira de même la création et les règles de fonctionnement des institutions politiques communes nécessaires à la gestion du nouveau Partenariat économique et politique. Il prévoira la mise sur pied d'un Conseil, d'un Secrétariat, d'une Assemblée et d'un Tribunal de règlement de différends.

Prioritairement, le traité verra à ce que le Partenariat ait la capacité d'agir dans les domaines suivants:

— Union douanière;
— Libre circulation des marchandises;
— Libre circulation des personnes;
— Libre circulation des services;
— Libre circulation des capitaux;
— Politique monétaire;
— Mobilité de la main d'œuvre;
— La citoyenneté.

En fonction de la dynamique des institutions communes et du rythme de leurs aspirations, rien n'empêchera les deux États membres de s'entendre dans tout autre domaine d'intérêt commun, tel que:

— En matière de commerce à l'intérieur du Partenariat, adapter et renforcer les dispositions de l'Accord sur le commerce intérieur.

— En matière de commerce international (par exemple, pour convenir de positions communes pour le maintien de l'exception culturelle dans l'OMC et l'ALÉNA);

— En matière de représentation internationale (par exemple, lorsqu'il le jugera utile ou nécessaire, le Conseil pourra décider que le Partenariat parlera d'une seule voix au sein d'instances internationales);

— En matière de transport (pour faciliter, par exemple, l'accès aux aéroports des deux pays ou pour harmoniser les politiques de transport routier, par rail ou de navigation intérieure);

— En matière de politique de défense (pour convenir notamment d'une participation commune à des opérations de maintien de la paix ou de coordination de la participation à l'OTAN et à NORAD);

— En matière d'institutions financières (pour définir par exemple la réglementation sur les banques à charte, les règles de sécurité et de saines pratiques financières);

— En matière de politiques fiscales et budgétaires (pour maintenir un dialogue visant une compatibilité des actions respectives);

— En matière de protection de l'environnement (pour fixer des objectifs notamment en matière de pollution trans-frontalière ou de transport et d'entreposage de matières dangereuses);

— En matière de lutte au trafic d'armes et au trafic de drogue;

— En matière de postes;

— En toutes autres matières que les parties considéreraient d'un intérêt commun.

Les institutions communes

1) Le Conseil

Le Conseil du Partenariat, formé à parts égales de ministres des deux États, aura un pouvoir décisionnel quant à la mise en œuvre du traité.

Les décisions du Conseil du Partenariat devront être unanimes, donc chacun y aura droit de veto.

Le Conseil sera soutenu par un secrétariat permanent. Le Secrétariat servira de liaison fonctionnelle avec les gouvernements et veillera au suivi des décisions du Conseil. À la demande du Conseil ou de l'Assemblée parlementaire, le Secrétariat fera des rapports sur tout sujet relatif à l'application du traité.

2) L'Assemblée parlementaire

Une Assemblée parlementaire du Partenariat formée de députés Québécois et Canadiens désignés par leurs assemblées législatives respectives sera créée.

Elle examinera les projets de décision du Conseil du Partenariat et lui fera ses recommandations. Elle pourra aussi adopter des résolutions sur tout sujet relatif à son application, à la suite notamment de rapports périodiques sur l'état du Partenariat que lui adressera le Secrétariat. Elle entendra, en audiences publiques, les dirigeants des commissions administratives bipartites chargées de l'application de certaines dispositions du traité.

La composition de l'Assemblée reflétera la répartition de la population au sein du Partenariat. Le Québec y détiendra 25 % des sièges. Le financement des institutions du Partenariat sera paritaire, sauf pour les dépenses occasionnées par les parlementaires, qui seront à la charge de chaque État.

3) Le Tribunal

Le Tribunal devra être mis sur pied pour régler les différends relatifs au traité, à son application et à l'interprétation de ses dispositions. Ses décisions lieront les parties.

On pourra s'inspirer, pour ses règles de fonctionnement, de mécanismes existants, tel le tribunal de l'ALÉNA, celui de l'Accord sur le commerce intérieur ou celui de l'Organisation mondiale du commerce.

Le comité

Un comité d'orientation et de surveillance des négociations, formé de personnalités indépendantes agréées par les trois partis (PQ, BQ, ADQ) sera créé. Sa composition sera dévoilée au moment jugé opportun. Ce comité:

1) sera impliqué dans le choix du négociateur en chef;
2) pourra déléguer un observateur à la table des négociations;
3) conseillera le gouvernement sur la marche des négociations;

4) informera le public sur le processus et l'aboutissement des négociations.

Dans l'intervalle

(Texte non public, mais faisant partie de la présente entente)

D'ici le déclenchement de la campagne référendaire proprement dite, où la Loi sur les consultations populaires prévoit l'organisation des comités parapluies, les chefs des trois partis s'entendent pour tenir des réunions régulières où ils conviendront, par voie de consensus, des orientations et de la stratégie du camp du changement qui se traduiront notamment par la mise sur pied de divers comités chargés de l'action préréférendaire et, le cas échéant et dans le respect de la loi, référendaire.

Dans la période qui s'écoulera entre la conclusion de la présente entente tripartite et le référendum sur la souveraineté et la proposition de Partenariat économique et politique, le gouvernement québécois et l'Assemblée nationale pourront faire circuler des avis, hypothèses, études techniques, sur divers aspects du futur Partenariat et, le cas échéant, échanger sur ces sujets avec des représentants canadiens.

Le gouvernement du Parti Québécois, le Bloc Québécois et l'Action démocratique du Québec pourront, en concertation, faire connaître quelle pourrait être la configuration de certaines de ces institutions, par exemple, le tribunal de résolution de différends.

Ces propositions respecteront les paramètres de l'entente tripartite et ne préjugeront pas du résultat des négociations.

La question posée
au référendum de 1995

Acceptez-vous que le Québec devienne souverain, après avoir offert formellement au Canada un nouveau partenariat économique et politique, dans le cadre du projet de loi sur l'avenir du Québec et de l'entente signée le 12 juin 1995?

INDEX

TABLE DES MATIÈRES

AUTRES TITRES PARUS
DANS CETTE COLLECTION

Cet ouvrage composé en Goudy corps 12 sur 14
a été achevé d'imprimer
le premier octobre mil neuf cent quatre-vingt-dix-huit
sur les presses de l'Imprimerie Gagné
à Louiseville
pour le compte de
VLB éditeur.

DATE DUE   L.-Brault

19 FEV 1999		
22 NOV 2002		

Bibliofiche 297B